Book

of

TECHNICAL TERMS IN

HINDI

As announced by

The Ministry of Human Ressource Development

Government of India

Vani Prakashan

21-A, Daryaganj, New Delhi-110002

ISBN : 978-93-5000-035-9

VANI PRAKASHAN

21-A, Daryaganj,
New Delhi-110002
Ph.: 011-23273167
Ph. & Fax : 011-23275710
E-mail : vaniprakashan@gmail.com
Web : www.vaniprakashan.in

Edition : 2011
Price : ₹100

Printed by
R.Tech Offset, Delhi-110095

Book of Technical Terms in Hindi

GENERAL ADMINISTRATION

Abatement	१. कमी, छूट २. समाप्ति, अंत
Abbreviation	संक्षिप्त सार
Ability	योग्यता
Ab initio	प्रारम्भ से, शुरू से
Abnormal	असामान्य, अप्रकृत
Abolish	अन्त करना, उन्मूलन, तोड़ना, समाप्त करना
Abolition	उन्मूलन, अंत
Abolition of post	पद तोड़ना
Abandonment	परित्यजन
Aborigional	आदिम
Above cited (or quoted)	उपरि उद्धृत, ऊपर दिया हुआ
Above given	उपरि उल्लिखित, ऊपर लिखा हुआ
Above par	अधिक मूल्य पर, नफ़ा से
Above said	उपर्युक्त, ऊपर कहा हुआ
Abridge	संक्षेप करना
Abridgement	संक्षेप
Abrogate	निराकरण
Absence	अनुपस्थिति, गैरहाजिरी
Absentee	अनुपस्थित
Absentee Landlord	दूरवासी जमींदार
Absentee Statement	अनुपस्थिति विवरण

Abstract	१. सार २. चोरी से निकालना, ३. सार तैयार करना
Abstract book	सार-पुस्तक
Abstraction	१. सार, २. चोरी, चोरी से निकालना, उड़ा लेना
Absurd	अनर्थक, ऊलजलूल; वाहियात, बेतुका
Absurdity	अनर्थकता, वाहियात, बेतुकापन
Abundant	प्रचुर
Abuse	दुरुपयोग, दुरुपयोग करना, अपशब्द, गाली, गालीगलौज, गाली देना
Academic	शिक्षा सम्बन्धी
Academic year	शिक्षा-वर्ष
Academic qualification	शिक्षा सम्बन्धी योग्यता
Academy	अकादमी
Accede	अधिमिलन, शामिल होना
Accept	स्वीकार करना, मानना
Acceptance	स्वीकार, स्वीकृति
Acceptance of office	पद स्वीकृति
Acceptability	स्वीकार्यता
Access	पहुँच
Accession	१. राज्यारोहण, गद्दी पर बैठना २. अधिमिलन
Accessory	उपसाधन
Accessory license	उपसाधक लाइसेन्स
Accident	दुर्घटना; संयोग
Accommodate	१. स्थान देना, जगह देना २. निबाहना
Accommodation	१. स्थान, जगह २. निबाह

Accord	१. देना, प्रदान करना २. मेल खाना, अनुरूप होना
According to	के अनुसार
Accordingly	तदनुसार, लिहाज़ा
Account	लेखा, खाता, हिसाब
Accountant	लेखाकार
Account heads	लेखा शीर्षक
Account Joint	सम्मिलित खाता
Accredited (correspondent)	प्रत्यायित (संवाददाता)
Accretion	जमा होना, इकट्ठा होना, उपचय
Accrue	वाजिब होना, निकलना, उद्भूत होना
Accuracy	यथार्थता
Accurate	यथार्थ
Accurately	यथार्थ रूप से
Accused	अभियुक्त
Acknowledge (1. Receipt) of 2. Fact, etc.)	१. पावती, रसीद देना, भेजना २. स्वीकार करना, मानना, कबूलना
Acknowledgement	रसीद, पावती, प्राप्ति-सूचना प्राप्ति-स्वीकृति
Acknowledgement due	रसीदी
Acquire (Property)	अभिग्रहण करना
Acquisition	अभिग्रहण
Act	१. काम, कार्य, कर्म, २. अधिनियम, ऐक्ट
Act of misconduct	दुराचार
Acting	कार्यवाहक
Acting allowance	कार्यवाहक भत्ता
Action	कार्यवाही, कारवाई
Active	१. सक्रिय २. फुर्तीला, चुस्त

Activities	कार्यकलाप
Activity	हलचल, सरगर्मी, कार्यकलाप
Actuals	वास्तविक आंकड़े, असल आँकड़े
Adaptation	रूपान्तर, रूपान्तरण
Addendum	तितिम्मा
Addendum and Corrigendum	तितिम्मा और शुद्धिपत्र
Additional	अपर
Additional grants	अपर अनुदान
Additional pay	अपर वेतन
Additions and alteration	जोड़-बदल
Address	१. पता, सरनामा, २. अभिभाषण
Addressed to	के नाम
Addressee	प्रेषी, पाने वाला, सरनामादार
Adequate	पर्याप्त
Ad hoc	तदर्थ
Ad infinitum	यावदनंत
Adjourn	काम रोकना, स्थगित करना
Adjourn sine die	अनिश्चित काल के लिए स्थगित करना
Adjournment	स्थगन
Adjournment motion	स्थगन उपस्ताव
Adjustment	समंजन, बैठ-बिठाव
Administer	१. प्रशासन करना २. दिलाना, देना
Administer oath, to	शपथ दिलाना
Administration	प्रशासन, प्रबंध, राजकाज
Administration, Letter of	प्रबन्ध-पत्र
Administration of justice	न्यायकरण
Administrative	प्रशासनी, प्रशासकीय, प्रशासन सम्बन्धी

Administrative ability	प्रशासन योग्यता
Administrative approval	प्रशासकीय अनुमोदन
Administrative convenience	प्रशासन सुकरता
Administrative department	प्रशासन विभाग
Administrative function	प्रशासन कार्य
Administrative sanction	प्रशासकीय मंजूरी
Administrative system	प्रशासन पद्धति
Administrator	प्रशासक
Admissible	स्वीकार्य, अनुमत्य, हो सकने वाला
Admissibility	स्वीकार्य, अनुमत्यता
Admission	प्रवेश करने देना, अन्दर आने देना, स्वीकार करना
Admission, No	अंदर आना मना है
Admission fee	प्रवेश-शुल्क
Admit	प्रवेश करने देना, अन्दर आने देना, स्वीकार करना, दाखिल करना
Admitted	प्रविष्ट, दाखिल, स्वीकृत
Admonition	तंबीह, डाँट-फटकार, भर्त्सना
Adopt	अपनाना, स्वायत्त करना, अंगीकार करना
Adoption	अंगीकार
Adult	बालिग़, वयस्क, प्रौढ़
Adult franchise Adult suffrage	बालिग़ मताधिकार
Ad valorem	यथा मूल्य
Advance	(n) पेशगी, अग्रिम धन (adj) अग्रिम
Advancement	उन्नति
Advance increment	अग्रिम वृद्धि
Advance payment	अग्रिम अदायगी

Adverse (unfavourable)	प्रतिकूल
Adverse entry	प्रतिकूल लिखन
Adverse party	प्रतिकूल पक्ष
Adverse report	प्रतिकूल रिपोर्ट
Advertise	विज्ञापन देना
Advertisement	विज्ञापन
Advice	सलाह, सूचना, संज्ञापन
Advice note	संज्ञापन-पत्र
Advice of payment	भुगतान संज्ञापन
Advisory	सलाहकार, सलाहकारी
Advocacy	वकालत, पक्ष समर्थन
Aerodrome	हवाई अड्डा
Affairs	मामले
Affidavit	हलफ नामा, शपथ-पत्र
Affiliate	सम्बद्ध करना
Affirm	अभिवचन देना
Affirmation	अभिवचन
Affirmative	हाँ, स्वीकारात्मक
Affix	जोड़ना, लगाना
Afforestation	वनरोपण
Affranchise	मताधिकार देना, मताधिकार
Aforesaid	पहले कहा, पूर्वोक्त
Age	वय, आयु, उम्र
Age entry	वयो लिखन, आयु लिखन
Age for suffrage	मतायु
Age limit	वयः सीमा, आयु सीमा
Age of retirement	निवृत्तिवयः
Agency	एजेंसी, अभिकरण
Agenda	कार्यसूची

Aggregate (marks)	कुल, समाहार
Aggrieved	आर्त
Agitation	आन्दोलन
Agrarian	क्षेत्रिक, भूमि सम्बन्धी
Agrarian law	क्षेत्रिक, भूमि-विधि
Agrarian policy	क्षेत्रिक, भूमि-नीति
Agree	सहमत होना, राजी होना
Agreement	१. रजामन्दी, सहमति २. करार
Agriculture	कृषि, खेती
Agricultural holding	चक
Agricultural income	कृषि-आय
Agricultural land	कृषि-भूमि
Agriculture procurement	फ़सल वसूली
Aid	सहायता, मदद
Aid and advice	सहायता और सलाह
Aide-de-camp	परिसहायक
Aid, Grant in	इमदाद, सहायक अनुदान
Aided school	इमदादी स्कूल
Aim	लक्ष्य, उद्देश्य
Aircraft	वायुयान
Airforce	वायु सैन्य, वायुबल
Airfreight	विमान वस्तु भाड़ा
Airline	हवाई कम्पनी
Airmail	हवाई डाक
Air-Navigation	विमान परिवहन
Air port	विमान पत्तन
Air route	वायु मार्ग, हवाई मार्ग
Air traffic	हवाई यातायात
Air ways	वायु मार्ग

Allegiance	निष्ठा
Allocation	विनिधान
Allot	नियत करना
Allotment	नियतन
Allotment letter	नियतन-पत्र
Allotment of funds	निधि-नियतन
Allotment order	नियतन आदेश
Allowance	भत्ता
Allowance, Capital	राजधानी भत्ता
Allowance, City	नगर भत्ता
Allowance, Conveyance	सवारी भत्ता
Allowance, Dearness	महँगाई भत्ता
Allowance, Extraduty	अतिरिक्त काम भत्ता
Allowance, Outstation	बहिर्स्थान भत्ता
Allowance, Overtime	समयोपरि भत्ता, टिक्का
Allowance, Travelling	सफर भत्ता
Alteration	परिवर्तन, अदला-बदला
Alternate	एकांतर, दूसरा
Alternative	वैकल्पिक
Ambiguous	संदिग्ध, गोल-मोल
Amendment	संशोधन
Amenity	सुख-साधन
Amount	राशि, कुल रक़म
Ancillary	अनुषंगी
Antonomy	स्वायत्तता
Annex	अनुबद्ध करना, जोड़ना, नत्थी करना
Annexe	उपभवन
Annexure	अनुबन्ध
Announce	ख्यापन करना

Announcement	ख्यापना, एलान
Annual	वार्षिक, सालाना
Annual accounts	वार्षिक लेखा
Annual administration report	वार्षिक प्रशासन रिपोर्ट
Annual review	वार्षिक समीक्षा
Annulment	रद्द करना
Annuity	वार्षिकी, सालियाना
Antecedents	पूर्ववृत्त
Annul	रद्द करना
Anticipated expenditure	प्रत्याशित व्यय
Antidated cheque	पूर्वतिथि चेक
Appellation	अभिधान
Appeal	अपील
Appellate authority	अपील अधिकारी
Appellate powers	अपीली अधिकार
Appendage	संलग्नी
Appendix	परिशिष्ट
Appliance	साधन, उपकरण
Applicability	प्रयोज्यता
Applicable	प्रयोज्य, लागू
Application	आवेदन-पत्र, अर्जी
Appointment	नियुक्ति
Appointment, Permanent	स्थायी नियुक्ति
Appointment, Temporary	अस्थायी नियुक्ति
Apportion	अनुभाजन
Apprenticeship	शिक्षुता
Appropriate	(adj.) उपयुक्त (v.) विनियोग करना, अलग रखना
Appropriation	विनियोजन

Appropriation account	विनियोजन लेखा
Approval	अनुमोदन
Approve	अनुमोदन करना
Appurtenance	उपबंध
Area	क्षेत्र, इलाक़ा
Arbitration	विवाचन
Arduous	दुष्कर
Arrangement	प्रबन्ध, विन्यास, तरतीब
Arrangement of files	मिसिल-विन्यास
Arrears	बकाया
Article	१. अनुच्छेद २. वस्तु
As compared with	की तुलना में, के सामने
As per	के अनुरूप, पर से, पर का
As regards	के बारे, के विषय में
Assemble	जुड़ना, एकत्रित होना, इकट्टा होना, जोड़ना, एकत्र करना, इकट्ठा करना
Assembly	सभा
Assent	अनुमति
Assessment	निर्धारण
Assets	परिसम्पत्ति, माल-मता
Assign	नाम करना, सौंपना
Assistant	सहायक
Assume	ग्रहण करना, धारण करना
Assumption	ग्रहण; धारण
Assumption of charge	भार ग्रहण
Assurance	१. आश्वासन २. बीमा
Assure	विश्वास दिलाना
At par	सममूल्य पर
Attend	में जाना, उपस्थित होना, ध्यान देना

Attendance	उपस्थिति, हाजिरी
Attendance register	हाजिरी रजिस्टर
Attendant	परिचर
Attest	साक्ष्यांकन करना, तसदीक़ करना
Attestation	साक्ष्यांकन, तसदीक़
Audit	लेखा-परीक्षा
Audited accounts	जांचे लेखे
Audit instruction	लेखा परीक्षा-अनुदेश
Audit objections	लेखा परीक्षा आपत्तियां
Authentic	प्रामाणिक, मुस्तनद
Authentication	सत्यंकरण, मुस्तनद करना
Authorise	अधिकार देना
Authorized	अधिकृत
Authorities	अधिकारी वर्ग, अधिकारी
Authority	अधिकारी, सत्ता
Autograph	स्वाक्षर
Autonomous	स्वायत्त
Auxiliary	सहायक, गौण
Available	उपलब्ध
Aviation	विमान चालन
Aviation, Civil	नगर विमान चालन
Awkward	भद्दा
Axiom	स्वयंतथ्य
Backward	पिछड़े
Backward classes	पिछड़े वर्ग
Backward tribes	पिछड़ी जनजातियां/क़बीले
Bad Bahaviour	दुर्व्यवहार, बुरा बर्ताव
Bad Character	दुश्चरित्र
Bad Conduct	बुरा आचरण

Badge	बिल्ला, बैज
Balance	१. शेष, बाकी २. संतुलन
Balance, Closing	इतिशेष
Balance, Opening	अथशेष
Balance sheet	तुलन-पत्र
Ballot	पर्ची, शलाका
Ballot Box	पर्ची बक्स, मतपेटी
Ballot paper	मतपत्र, मत-पर्ची
Ban	रोक, रोक लगाना, पाबन्दी
Bank	बैङ्क
Banking	बैङ्क-व्यवहार
Banking company	बैङ्क-कम्पनी
Banking transaction	बैङ्क कार्य
Bank-draft	बैङ्क-ड्राफ्ट
Bar	रोध
Bar, Efficiency	कुशलता-रोध
Basic	बुनियादी, मूल
Basic Change	मौलिक परिवर्तन
Basic education	बुनियादी शिक्षा
Basic pay	मूल वेतन
Basic scale of pav	मूल वेतन-मान
Bearer	वाहक
Before cited	पूर्व कथित
Before hand	पहले से
Before mentioned	पूर्वोक्त
Before quoted	पूर्वोद्धृत
Below par	घाटे से, औसत से कम
Benefit	लाभ
Benefit of doubt	संशय लाभ

Benefit period	लाभावधि
Bibliography	ग्रंथ-सूची
Bicameral	दुसदनी
Biennial	द्विवर्षी, दोसाला
Bilateral	द्विपक्षी, दुतरफ़ा
Bill (of payment)	बिल, बीजक
Bill (of exchange)	हुँडी
Bill, medical	चिकित्सा बिल
Bill, pay	वेतन बिल, वेतन-पत्र
Bill	विधेयक
Bill of lading	लदान-पत्र
Birding	बाध्यक (तेलुगु)
Bipartite	दुदली
Birth date	जन्म तिथि/तारीख
Birth mark	जन्म चिन्ह
Birth place	जन्म स्थान
Birth rate	जन्म दर
Biweekly	अर्ध साप्ताहिक, पाक्षिक
Black book	काली पुस्तक
Black list	काली सूची
Block	खण्ड, ब्लाक
Blue print	नीला नक्शा
Board	मंडली
Bonafide	सदाशयी, वास्तविक असली
Body	निकाय
Bonafides	सदाशयता
Bond	बंध, बंध-पत्र
Bond, Indemnity	क्षतिपूरण बंध-पत्र
Bonus	बोनस

Booth	कोष्ठ
Booth, Polling	मतांकन कोष्ठ
Bounty	अभिदान
Boundary	सीमा
Bradshaw	ब्रेडशा
Breach	भंग
Breach of contract	संविदा-भंग
Breach of law	विधि-भंग
Breach of privilege	प्राधिकार-भंग
Breach of trust	न्यास-भंग, विश्वास-भंग
Bribe	घूस, रिश्वत, उत्कोच
Bribery	घूसखोरी, रिश्वतखोरी
Breakage	टूट-फूट
Brief	खुलासा
Brokerage	दलाली
Broad Casting	प्रसारण
Budget	बजट, आय-व्ययक
Budget, Balanced	संतुलित बजट
Budget, Deficit	घाटे का बजट
Budget estimates	बजट प्राक्कलना/अन्दाजा
Budget grant	बजट अनुदान
Budget provision	बजट व्यवस्था
Budget, Revised	पुनरीक्षित बजट
Budget, Reappropriation	पुनर्विनियोजन बजट
Budget Supplementary	अनुपूरक बजट
Budget, Surplus	बचत का बजट, अधिशेष बजट
Bulletin	बुलेटिन
Bureau	ब्यूरो
Bureaucracy	दफ्तरशाही

Business	काम, कारोबार
Business hours	कार्य-समय
Business papers	कारबारी कागज
By authority of	अधिकार से
By command	आदेश से
By order	आदेश से, हुक्म से
By return of post	लौटती डाक से
By virtue of	के नाते
By virtue of office	पद के नाते
Bye law	उप-नियम
Cabinet	मन्त्रिमण्डल
Cadre	संवर्ग
Cadre, Emergency	आपातिक संवर्ग
Cadre, Regular	नियमित संवर्ग
Calculation	गणना
Calculator	गणक, गणित्र
Calendar month	संवत्मास
Calendar year	संवत् पंचांग वर्ष
Call bell	घंटी
Calling	व्यवसाय
Calling tax	व्यवसाय-कर
Camera, Meeting in	बंद बैठक
Camp	शिविर
Cancel	रद्द करना, मंसूख करना
Cancellation	मंसूखी
Cancellation of allotment	नियतन की मंसूखी
Candidates	उम्मेदवार
Candidature	उम्मीदवारी
Canvass	उपार्थन करना

2

Canvassing	उपार्थना
Capacity	१. क्षमता २. हैसियत ३. धारित वहन-क्षमता
Capita, Per	प्रति व्यक्ति, फ़ीकस
Capitation fee	व्यक्ति फ़ीस
Capitation (tax)	व्यक्ति कर
Carbon paper	कार्बन
Card index	कार्ड सूचक
Cartage	गाड़ी-भाड़ा, ढुलाई
Cash	रोकड़, नक़दी
Cash book	रोकड़ बही
Cash memo	नक़दीनामा, नक़द-पत्र
Casting vote	निर्णायक मत
Casual	अनियत, आकस्मिक
Casual leave	अनियत छुट्टी
Casual vacancy	अनियत रिक्ति
Catalogue	सूचीपत्र
Caution	चौकस, सतर्क, खबरदार
Censor	सेंसर, सेंसर करना
Censorship	सेंसरी
Censure	निन्दा
Censure, Vote of	निन्दा-प्रस्ताव
Census of population	जनगणना
Certificate	प्रमाण-पत्र, सनद
Certificate of fitness	आरोग्य-पत्र
Certificate of competence	सक्षमता-पत्र
Certificate of posting	डाक प्रमाण-पत्र
Certificate, Character	चरित्र-पत्र
Certificate, Last pay	अंतिम वेतन सनद

Certificate, Medical	डाक्टर का प्रमाण-पत्र
Cess	उपकर
Cessation	विरमन, समाप्ति
Challan	चालान
Cnannel	मार्ग, सरणी
Channel, Through proper	विधिवत्
Character roll	आचरण-पंजी
Charge	१. प्रभार २. कार्य-भार
Cnarge assumption	भार-ग्रहण
Cnarge relinquishment	भार-त्याग
Charge report	भार-रिपोर्ट
Charitable	धर्मार्थ, खैराती
Chairman	सभापति
Check	रोक, रोकना
Cheque	चेक
Cheque, Bearer	धनीजोग चेक
Cheque, Crossed	शाहजोग चेक
Cneque, Endorsed	बेचान चेक
Cheque, Order	नामज़ोग चेक
Chief	मुख्य
Chief Minister	मुख्य मन्त्री
Chief Justice	मुख्य न्यायाधिपति
Circle	परिमंडल, हलका
Circulate	परिपत्र, गश्ती चिट्ठी
Circulate (as a notice)	घुमाना
Citation	१. वाचन-पत्र, २. उद्धरण
City allowance (City compensatory allowance)	हवाला नगर भत्ता
Claimant	दावेदार, दावी

Clarification	स्पष्टीकरण
Class	वर्ग, श्रेणी, जमात
Class I service (Class I appointment)	पहली श्रेणी सेवा
Class II service (Class II appointment)	दूसरी श्रेणी सेवा
Classification	वर्गीकरण
Clause	धारा, खण्ड
Clear day	पूरा दिन
Clear vacancy	स्पष्ट रिक्ति
Code	१. संहिता २. कूट
Codification	संहिताकरण
Come into force	लागू होना
Come into operation	चालू होना
Comment	टिप्पणी, टिप्पणी देना
Commission	१. आयोग, कमीशन २. समादेश
Commissioner	आयुक्त
Commission, Regular	स्थायी समादेश
Commission, Temporary	अस्थायी समादेश
Commission, Emergency	आपाती समादेश
Commercial	वाणिज्य सम्बन्धी
Communicate	संदेश पहुँचाना, बताना
Committee	समिति
Communication	संचारण, संदेश
Communique	विज्ञप्ति
Community	समुदाय
Community project	सामुदायिक प्रायोजना
Commutation (of pensionor leave etc.)	परिवर्त्तन

Company	कम्पनी, समवाय
Compendium	सार संग्रह
Compensation	प्रतिकर, मुआवजा
Compensatory allowance	प्रतिकर भत्ता
Competent	सक्षम
Competence	क्षमता
Competitive examination	प्रतियोग परीक्षा
Compilation	संकलन
Complaint	फरियाद
Complaint Book	शिकायत की पुस्तक
Complementary	पूरक
Complimentary copy	मानार्थ प्रति
Compliance	अनुपालन
Compulsory	अनिवार्य
Compulsory retirement	अनिवार्य निवृत्ति
Concession	रियायत
Concise	मिताक्षर
Conclusive	निर्णायक, निश्चायक, अन्तिम
Concurrence	सहमति, संवर्तन
Concurrent list	संवर्त्ती सूची
Condition	शर्त, उपबन्ध
Conditional	सोपबंध, शर्त के साथ
Conditions of service	नौकरी की शर्त
Condone	माफ़ करना
Conduct	१. आचरण २. कार्य-संचालन
Confidence	विश्वास, भरोसा
Confidential	गोपनीय, विश्वस्त
Confirmation	पुष्टि, पक्का करना
Conformity	अनुरूपता

Consecutive	क्रमिक
Consent	स्वीकृत
Consideration, Under	विचाराधीन
Consequently	फलस्वरूप
Consistent	संगत
Consolidated fund	संचित निधि
Constituency	चुनाव क्षेत्र
Consultation	परामर्श
Contents	१. अन्तर्वस्तु २. विषय, विषय-सूची
Content	प्रसंग, प्रकरण
Contempt	अपमान
Context	संदर्भ
Contingencies	फुटकर
Contingency	अचानकी, आकस्मिकी
Contingency fund	फुटकर निधि, सांयोगिक निधि
Continued on	शेष......पर
Continued from	......से आगे
Contraband	निषिद्ध
Contract	१. संविदा २. ठेका
Contradictory	विरोधी
Contrary	विपरीत
Contravention	अतिचार
Contribution	अंशदान
Contribution provident fund	अंशदान निर्वाह निधि
Convene	संयोजन करना, बुलाना
Control	नियंत्रण
Conveyance allowance	सवारी भत्ता
Co-opt	सहयोजन करना
Co-opted member	सहयोजित सदस्य

Coordination	समन्वय, तालमेल
Copy	प्रति, नक़ल
Copyright	कापीराइट
Correspond	१. पत्र-व्यवहार करना २. अनुग-होना, मेल खाना
Correspondence	पत्र-व्यवहार, पत्राचार
Correction	शुद्धि
Corrigendum	शुद्धि-पत्र
Corrupt	भ्रष्ट, भ्रष्ट करना
Corruption	भ्रष्टाचार
Cost	लागत, खर्च
Cost of living	निर्वाह-खर्च
Cost, working	चालन-व्यय
Council	परिषद्
Counter	कांउटर, व्यवहार-पटल
Counterfoil	मुसन्ना, अधपन्ना
Counter signature	प्रति हस्ताक्षर, जोड़सही
Counter statement	प्रति विवरण, प्रतिवक्तव्य
Coupon	कूपन
Court	न्यायालय
Cover	आवरण, ढकना
Covering letter	साथ का पत्र, सहपत्र
Cranage	क्रेन-भाड़ा
Credence, Letter of	प्रत्यय-पत्र
Credit	उधार, साख, जमा
Credit note	जमा-पत्र
Cumulative	संचित, इकट्ठा
Current	चालू, वर्तमान, दैनिक
Current session	चालू सत्र/अधिवेशन

Custody	१. परिरक्षा, अधीन २. हिरासत
Customs	सीमा-शुल्क
Cut	कटौती
Cut motion	कटौती उपस्ताव
Daily allowance	दैनिक भत्ता
Daily diary	दैनिकी
Daily note	दैनिक नोट
Daily register	दैनिक रजिस्टर
Daily routine	रोज का काम, दैनिक कार्य, रोजमर्रा
Daily wages	दिहाड़ी, दैनिक मजदूरी
Dak book	डाक पुस्तक
Dak register	डाक रजिस्टर
Damages	हरजाना
Data	दित्ता (पंजाबी)
Day book	रोजनामचा
Days of grace	रियायती दिन
Dealings	व्यवहार, लेन-देन, लेना-देना
Dearness allowance	मँहगाई भत्ता
Debarment	वारण
Debarred from service	सेवा वारित
Debate	वाद-विवाद
Debit	नामे
Decentralisation	विकेन्द्रीकरण
Decision	निश्चय
Decision, pending	निश्चय होने तक
Declaration	प्रकथन, बताना
Declaration form	प्रकथन-पत्र
Decree	आज्ञप्ति

Deduction	१. कमी, काटना २. निगमन, परिणाम निकालना
Deed	विलेख
Deface	विरूप करना, मोहर लगाना
De facto	तथ्येन
Default	१. व्यतिक्रम २. बाकीदारी
Deferred annuity	आस्थगित वार्षिकी
Defence	प्रतिरक्षा
Deficit	घाटा, कमी
Deficit budget	घाटे का बजट
Degradation (1. of a post 2. of servant)	दरजा घटाना
De jure	विधिना
Delegate (v.)	दे देना, सौंपना
Delimitation	हद वन्दी
Demand	माँग
Demand-note	माँग-पत्र
Demarcation	सीमांकन
Demand, Supplementary	अनुपूरक माँग
Demi official letter	अर्ध सरकारी पत्र
Demote	पदावनत करना, पद घटाना
Demotion	अवनति
Demurrage	विलम्ब-शुल्क, डेमेरेज
De novo	नये सिरे से
Departmental enquiry	विभागी जांच
Departmental order	विभागी आदेश
Departmental promotion	विभागी तरक्की/पदोन्नति
Departmental permission	विभागी अनुमति
Depository	आगार

Depot	डिपो, कोठार
Depreciation charge	मूल्यह्रास प्रभार
Deprive	वंचित करना
Deputation	१. उपनियुक्ति २. प्रतिनिधि मंडल
Deputy	उप
Deputation allowance	उपनियुक्ति भत्ता
Derogation	१. अप्रतिष्ठा, अनादर २. कमी, अपकर्ष
Derogatory	अप्रतिष्ठाजनक, अनादर पूर्ण
Description	वर्णन, हुलिया
Deserving	योग्य, सुपात्र
Designate	नामजद, नामजद करना, पदसंज्ञा देना
Designation	पदसंज्ञा
Despatch	भेजना, प्रेषण
Despatch note	प्रेषण-पत्र, रवानगी-पत्र
Despatch register	प्रेषण रजिस्टर
Detail	ब्यौरा, तफ़सील
Detailed statement	ब्यौरा
Determination of priorities	अग्रता निर्धारण
Detrimental	अहितकारी
Diary	डायरी, दैनिकी
Diary register	रसीद रजिस्टर
Diet allowance	भोजन भत्ता
Digest	निचय
Dignitary	संभ्रांतजन
Diploma	सनद
Diplomatic bay	राजनयिक डाल थैला
Direct	प्रत्यक्ष, सीधा
Direct action	सीधी कारवाई, अमली कारवाई

Direct election	सीधा चुनाव
Direct nomination	प्रत्यक्ष नामन
Direct recruitment	सीधी भरती
Direction	निर्देश
Directive	(n.) निर्देश (adj.) निर्देशात्मक
Directory	निदर्शनी
Disapprobation	पसंद न करना
Disapproval	निरनुमोदन
Disband	तोड़ देना
Disbursement (of pay)	१. बांटना, २. व्यय
Discharge	१. निर्वहण करना, अदा करना, पालन करना, २. अलग करना, बरखास्त करना, हटाना
Discipline	अनुशासन
Disciplinary action	अनुशासनी कारवाई
Discontinuance	बन्द कर देना
Discount	बट्टा
Discretion	विवेक, समझ-बूझ
Discretionary powers	विवेकाधीन अधिकार
Discussion	बहस, विचार-विमर्श
Dismiss	बरखास्त करना, निकाल देना, हटाना, वियुक्ति करना
Disobey	आज्ञा न मानना, अवज्ञा करना
Dispense with	अलग करना
Disperse	विसर्जन, तितर-बितर करना
Displaced	विस्थापित
Display	प्रदर्शित करना, सजावट करना
Disposal	निपटान, निर्वर्तन
Dispute	विवाद

Distribution	वितरण
Disqualification	अयोग्यता
Dissent	विसम्मति
Dissent, Note of	विसम्मति-पत्र
Dissolution	भंग
Ditto	यथोपरि, एजन, जैसे ऊपर
Dividend	लाभांश
Division	१. प्रभाग २. विभाजन ३. मण्डल
Docket punch	डाकेट छिद्रक
Document	प्रलेख
Domicile	अधिवास
Draft	मसौदा
Draft for approval	अनुमोदनार्थ मसौदा
Draft sheet	मसौदा-पत्र
Draw (money etc.)	लेना, निकालना
Draw (a cheque)	चेक काटना
Due	देय, प्राप्य
Due date	नियत तिथि/तारीख
Due course, In	यथासमय, उचित समय पर
Duly	यथावत
Duplicate	दोहरा, दूसरा
Duplicate copy	अनुलिपि
Duplicate copy, In	अनुलिपि सहित
Duplicating machine (Duplicator)	अनुलिपित्र
During the pleasure of	यावदिच्छा
Duty	ड्यूटी, काम, कर्त्तव्यभार, शुल्क
Duty allowance	ड्यूटी भत्ता
Duty On	ड्यूटी पर, काम पर

Duty, Off	ड्यूटी के बाद, काम के बाद
Duty, On special	विशेष ड्यूटी पर
Duty chart	ड्यूटी चार्ट
Duty roster	ड्यूटी रॉस्टर
Earliest possible	यथाशीघ्र, जल्दी से जल्दी
Earned leave	अर्जित छुट्टी
Education	शिक्षा
Efficiency	कार्यकुशलता
Efficiency bar	कुशलता-रोध
Effect from, With	......से
Election	निर्वाचन
Elapse (as of time)	बीतना, बीत जाना
Elegibility	पात्रता
Eligible	पात्र
Embezzlement	ग़बन
Emergency	आपात, आपातिक
Emoluments	परिलब्धि
Employee's contribution	कर्मचारी अंशदान
Employment	नौकरी, रोजगार
Emporium	भंडार, पण्यशाला
Empower	अधिकार देना
Enact	अधिनियम बनाना
Encashment	भुनाना, तुड़ाना
Encashment, Premature	समयपूर्व भुनाना
Enclose	बंद करना, साथ रखना
Enclosure	१. साथ के काग़ज, नत्थी २. आधार, बाड़ा
Endorsement	पृष्ठांकन, सही करना, समर्थन

Enforcement	लागू करना
Engagement	१. आबन्ध २. वादा
Enquiry	पूछताछ, जांच
Enquiry, Departmental	विभागीय जाँच
Enquiry, Preliminary	प्रारंभिक जाँच
Enquiry, Secret	गुप्त जांच
Enrolment	नामांकन, नाम दर्ज करना
Enrolment number	नामांकन, नामांकन नंबर
Ensuing	आगामी
Enter (to make an entry)	दर्ज करना
Enter (upon an office)	सँभालना, ग्रहण करना
Entertain (an appeal)	ग्रहण करना, दाखिल करना
Entertainment tax	मनोरंजन-कर
Entitle	हकदार करना या बनाना, उपाधि देना, खिताब देना
Entrance	भीतर जाने का मार्ग, प्रवेश
Entrust	सौंपना
Entry	१. इंदराज, लिखन २. प्रवेश
Entry, Adverse	प्रतिकूल इंदराज
Epitome	निष्कर्ष
Equipage	सामग्री
Equipment	उपस्कर
Equitable	समन्याय्य
Eradication	मूलोच्छेदन
Eraser	रबर
Errata	अशुद्धि पत्र
Errors & Omissions	भूल-चूक
Essential	लाजमी

Essential qualification	लाज़मी योग्यता
Essential services	लाज़मी सेवायें
Establishment	सिब्बंदी
Establishment return	सिब्बंदी विवरण
Estimates	प्राक्कलन, अन्दाजा
Estimates, Budget	बजट प्राक्कलन/अन्दाजा
Estimates, Revised	पुनरीक्षित प्राक्कलन/अन्दाजा
Evacuee	निष्क्रान्त
Eviction	बेदखली
Evidence	साक्ष्य, गवाही
Ex cadre post	नि:संवर्ग पद
Exceed	बढ़ जाना, आगे बढ़ना
Exceeding, Not	अनधिक, अधिक नहीं
Excess	अति, अधिकता, ज्यादती
Exchange	विनिमय
Exchequer	राजकोष
Exclude	वर्जित करना
Exclusive	अनन्य
Exclusive powers	अनन्य शक्तियाँ/अधिकार
Exclusive right	अनन्य अधिकार
Execute	कार्यान्वित करना, निष्पन्न करना
Executive	(n.) कार्याङ्ग (adj.) कार्यकारी
Executive power	कार्यकारी अधिकार
Executive staff	कार्यकारी अमला
Exempt	छूट देना, माफी देना
Exemption	छूट, माफी
Exercise of power	अधिकार प्रयोग
Exit	निर्गम, बाहर जाने का मार्ग

Ex officio	पदेन
Ex parte	इकतरफा
Expansion	विस्तार
Expediency	कालोचितता
Expedient	कालोचित, इष्ट
Expedite	शीघ्र कारवाई करना, शीघ्र निबटाना
Expert	विशेषज्ञ
Explanation	१. व्याख्या २. जवाबतलबी, कारण बताना
Expost facto	कार्योत्तर
Express delivery	तुरन्त वितरण
Expulsion	निष्कासन, निकाल देना
Extension	बढ़ाना, विस्तार
Extension of leave	छुट्टी बढ़ाना
Extension of service	सेवावधि बढ़ाना
Extensive	व्यापक
Extra	अतिरिक्त
Extract	उद्धरण
Extra Curricular	पढ़ाई से अतिरिक्त, पाठ्य-विषयेतर
Extra ordinary leave	असाधारण छुट्टी
Extra ordinary pension	असाधारण पेंशन
Facility	सुकरता, आसानी
Facsimile	प्रतिकृति
Fact	तथ्य
Faithfully, Yours	भवदीय
Family	कुटुम्ब
Family allowance	कुटुम्ब भत्ता
Family members	कुटुम्बी, कुटुम्ब जन
Fare	किराया

Faultless	दोष रहित
Faulty	दोषपूर्ण, सदोष
Favour	१. अनुग्रहण, कृपा २. पक्षपात, पक्ष
Favourable	अनुकूल
Fee	फ़ीस, शुल्क
Female dependent	आश्रित महिला
Fictitious	फ़र्जी
Fidelity	निष्ठा. वफ़ादारी, खैरख्वाही
Figures	आँकड़े
File	फ़ाइल, मिसिल
File-board	मिसिल पुट्ठा
File cabinet	फाइल कैबिनेट
File cover	मिसिल आवरण
File flap	मिसिल वेष्टक
File movement register	मिसिल चालन-रजिस्टर
Filing system	फाइल-व्यवहार
Final report	अन्तिम रिपोर्ट
Finalise	अन्तिम रूप देना
Finance	(n.) वित्त, (v.) रुपया लगाना
Financial	वित्तीय, वित्त-सम्बन्धी
Financial legislation	वित्त-विधान
Financial obligation	वित्त-आभार
Financial powers	वित्त-शक्तियाँ
Financial statement	वित्त-विवरण
Financial year	वित्त-वर्ष
Findings	जाँच, परिणाम
Fine	जुरमाना
Fire extinguisher	अग्नि शामक
Fire proof	अग्निसह

Fire risk	आग का खतरा
First Aid	प्रथम उपचार
First information report	प्रथम सूचना रिपोर्ट
Fiscal	राजकोषीय
Fitness certificate (2. of wagon etc.)	१. क्षमता-पत्र, २. दुरुस्ती-पत्र
Fixation (of pay etc.)	नियत करना, स्थिर करना
Fixed monthly allowance	नियत मासिक भत्ता
Fixed pay	नियत वेतन
Fixtures	जुड़नार (मराठी)
Flag (as flag 'A')	निशान पर्ची
Flap	वेष्टक
Folio	पन्ना
Following	१. नीचे लिखा, नीचे दिया, निम्न-लिखित; २. अनुयायी
Foot note	तलटीप (मराठी), फुटनोट
For consideration	विचारार्थ
For disposal	निपटाने के लिए
For instance	उदाहरणार्थ, उदाहरण के लिए
For information	सूचनार्थ
For perusal	अवलोकनार्थ
For the time being	फ़िलहाल, अभी तो
For signatures	हस्ताक्षरार्थ, दस्तख़त के लिए
Forecast	पूर्वानुमान
Foregoing	पूर्वगत, पूर्ववर्ती
Foreign service	विदेश सेवा
Forfeiture	जब्ती
Forgery	जालसाजी

Form	१. फार्म, २. रूप
Formal	औपचारिक
Formation	विरचन, बनाना
Formerly	पहले, इससे पूर्व
Formula	सूत्र
Formulate	बनाना, रूप देना
Forthcoming	आगामी
Forthwith	तुरंत, तत्काल, इसी समय
Fortnightly	पाक्षिक
Forward	आगे भेजना
Forwarding note	अग्रेषण टिप्पणी
Forwarding letter	अग्रेषण पत्र
Freight	भाड़ा
Fresh receipt (F.R.)	नई आवती
Function	१. कार्य, २. समारोह
Fund	निधि
Fund, Benevolent	हितकारी निधि
Fund, Provident	निर्वाह निधि
Fund, Small Savings	अल्प बचत निधि
Furlough	फरलो
Further action	आगे कार्रवाई
Gallantry award	शूरता पारितोषिक
Gallery	वीथि, गैलरी
Gazette	राजपत्र, गजट
Gazette, Extraordinary	असाधारण राजपत्र/गजट
Gazetted	राजपत्रित
Gazetted holiday	राजपत्रित छुट्टी
Gazetted Officer	राजपत्रित अफ़सर

Gazetted post	राजपत्रित पद
Gazetteer	गज़ेटियर
General	१. महा; २. सामान्य, आम
General application	सामान्य प्रयोग, सामान्य रूप से लागू होना
General circular	सामान्य परिपत्र, आमगश्ती चिट्ठी
General diary	सामान्य दैनिकी
General fund	सामान्य निधि
General meeting	साधारण सभा
General practice	लोकाचार, सामान्य प्रथा
General principles & rules	सामान्य सिद्धान्त और नियम
General procedure	सामान्य क्रियाविधि
General proposal	सामान्य प्रस्ताव
General reserve	सामान्य रक्षित निधि
General rule	सामान्य नियम
Gift	उपहार, भेंट
Gist	भावार्थ
Glossary	शब्दावली
Godown	गोदाम
Good behaviour	सद्व्यवहार, अच्छा व्यवहार
Good conduct	सदाचरण, अच्छा आचरण
Good character	अच्छा चरित्र
Good faith	सदिच्छा, अच्छी नीयत
Good reason	पर्याप्त कारण
Good will	सुनाम, सद्भावना
Governance	अभिशासन
Government affairs	राजकाज, सरकारी मामले
Government agency	सरकारी एजेंसी
Government provident fund	सरकारी निर्वाह निधि

Government regulation	सरकारी विनियम
Government securities	सरकारी प्रतिभूतियां
Gradation list	पदक्रम सूची
Grade	ग्रेड, पदक्रम
Grade, Junior administrative	अवर प्रशासन ग्रेड
Grade, Senior administrative	प्रवर प्रशासन ग्रेड
Grant	अनुदान
Grant, Extra	अतिरिक्त अनुदान
Grant, Fixed	नियत अनुदान
Grant, Interim	अंतरिम अनुदान
Grant, Maintenance	अनुरक्षण अनुदान, भरण-पोषण अनुदान
Grant, Non-recurring	अनावर्ती अनुदान
Grant, Preliminary	प्रारंभिक अनुदान
Grant, Recurring	आवर्ती अनुदान
Grant, Special	विशेष अनुदान
Grant, Supplementary	अनुपूरक अनुदान
Grant-in-aid	सहायक अनुदान, इमदाद
Grantor	अनुदाता
Gratification, Illegal	अवैध परितुष्टि
Gratis	मुफ्त, निःशुल्क
Gratuitous	बिनमांगा, अकारण, मुफ्त
Gratuity	उपदान
Grievance	शिकायत
Gross	कुल, भारी, घोर
Gross abuse	भारी दुरुपयोग
Gross amount	कुल राशि/रकम
Gross assets	कच्ची निकासी, कुल परिसम्पत्ति/मालमता
Gross misconduct	घोर दुराचरण

Gross negligence	घोर प्रमाद, भारी लापरवाही
Gross revenue	कुल राजस्व
Gross value	कुल मूल्य
Grouping & grading	समूहन और पदक्रमण
Guarantee	गारंटी
Guarantor	गारंटी कर्त्ता
Guard book	रक्षक-पुस्तक
Guard file	रक्षक मिसिल
Guardian	अभिरक्षक, बली
Guardianship certificate	अभिरक्षण प्रमाण-पत्र
Guidance	संदर्शन
Guide	संदर्शन करना, मार्ग दिखाना
Guilt	दोष
Guiltless	निर्दोष
Guilty	दोषी
Habitual defaulter	स्वभावतः बाकीदार
Habitual offender	स्वभावतः अपराधी
Half-holiday	आधी छुट्टी
Half-pay	आधा वेतन
Half-pay leave	आधा वेतन छुट्टी
Half-timer	अर्ध-कालिक
Half-yearly	अर्ध-वार्षिक, छमाही
Halt	विराम, कयाम, अवस्थान
Halting Allowance	अवस्थान भत्ता
Hand	१. कर्मचारी; २. हस्तलेख, लिखावट
Hand-bill	परचा
Hand-book	गुटका
Handicap	बाधा, अक्षमता
Handicraft	दस्तकारी

Handle (v.t.)	करना, सँभालना
Hand over	सौंपना, देना
Hard and fast rules	पक्के नियम
Head (n.)	शीर्ष, मद्द
Head (adj.)	मुख
Head-note	शीर्ष टिप्पणी
Heads of Account	लेखा-मद्द
Heads of Income	आय मद्द
Heads of Revenue	राजस्व मद्द
Head, Sub	उपशीर्ष, उपमद्द
Health Certificate	स्वास्थ्य प्रमाण-पत्र
Heater	तापक, हीटर
Heavy equipment	भारी उपस्कर
Hereafter	इसके बाद
Hereby	इसके द्वारा
Hereditory	पैतृक, मौरूसी
Here	इसमें, यहाँ
Hereafter	इसके आगे
Herein before	इसके पहले
Here to fore	जब तक
Hierarchy	पद-सोपान
Higher authority	उच्चतर अधिकारी
Highway	मार्ग, मुख्य मार्ग
Hill allowance	पहाड़ भत्ता
Hill station	पहाड़, पहाड़ी मुकाम
Hindrance	बाधा, अड़चन
Hint	संकेत, इशारा
Hire (n.)	भाड़ा
Hire (v.)	भाड़े पर लेना

History sheet	इतिवृत्त
Hold over	स्थगित करना, रोक लेना, उठा रखना
Holiday	छुट्टी
Honorarium	मानदेय
Honorary	अवैतनिक
Honorific prefixes	सम्मान-शब्द
Honourable	माननीय
Hospital leave	अस्पताली छुट्टी
Hospitality	आतिथ्य, सत्कार, आवभगत, खातिरदारी
Hospitality Assistant	सत्कार सहायक
Hours of business	कार्य समय
Hours of employment	काम के घंटे
House rent	मकान किराया
House rent allowance	मकान किराया भत्ता
Hutment	अस्थायी मकान
I am directed	मुझे निर्देश हुआ है कि
I am to add	मुझे यह भी लिखना है
I have the honour to	सादर
Ibid (Ibidem)	तत्रैव, वहीं
Identification	शिनाख्त, पहचान
Identification mark	शिनाख्त चिन्ह, शिनाख्त के निशान
Identity	अभिज्ञा
Identity Card	अभिज्ञा-पत्र
Identity Certificate	अभिज्ञा प्रमाण-पत्र
Illegal	अवैध
Illegal practice	अवैधाचरण
Illegible	अपाठ्य
Illicit	अनुचित, अवैध

Ill-treatment	दुर्व्यवहार
Illutration	निदर्शन, निदर्शना
Immediate	१. तत्काल; २. समक्ष
Immediate Employer	समक्ष नियोक्ता
Immediate Officer	समक्ष अफसर
Immediate Slip	तत्काल पर्ची
Imminent	सन्निकट
Immovable property	अचल सम्पत्ति
Impartial	निष्पक्ष
Impediment	अड़चन
Impending	आसन्न
Impersonation	पररूपण
Implement	अमल में लाना, कार्यान्वित करना
Implication	१. मंशा, आशय; २. फाँसा जाना, फँस जाना
Implied, It is	आशय यह है, मंशा यह है
Import	१. आयात; २. अभिप्राय
Importance	महत्व
Important	महत्वपूर्ण, आवश्यक, जरूरी
Impose	लगाना, लादना
Imposition	आरोपण
Impost	आयातकर, महसूल
Impracticable	अव्यवहारिक
Impression	१. छाप, निशानी; २. धारणा
Imprest	अग्रदाय
Imprest Account	अग्रदाय लेखा
Imprest money	अग्रदाय धन
Improper	अनुचित

Improve	सुधार करना, समुन्नति करना
Improvised	काम चलाऊ
In accordance with	के अनुसार
In addition to	इसके अतिरिक्त
In advance	अगाऊ, पहले से
In anticipation	भरोसे पर, प्रत्याशा में
In camera	बन्द कमरे में
In cash	नकद
In cognito	अज्ञात, गुप्त रूप से
In compliance	का पालन करते हुए
In connection with	के सम्बन्ध में
In continuation of	के आगे, के सिलसिले में
In contravention of	विपरीत
In course of	के दौरान में
In course of business	काम करते हुए
In course of time	समय से
In default of	के अभाव में, न करने या न होने पर
In detail	सविस्तार, ब्यौरेवार
In discnarge of duty	काम करते हुए
In due course	समय से
In excess of	......से अधिक
In exercise of	से काम लेते हुए
In force	प्रवृत्त, लागू
In general	सामान्य रूप से, आम तौर पर
In good faith	सद्भावना से
In gross	सकल
In his discretion	अपनी समझ से
In lieu of	के स्थान में
In matter of	के विषय में

In official capacity	पद की हैसियत से
I am in his bad books	वह मुझसे अप्रसन्न है
I am in his good books	वह मुझसे प्रसन्न है
In operation	अमल में
In order	यथाक्रम, क्रम में, व्यवस्थित
In order of merit	योग्यता क्रम से
In order of priority	अग्रता क्रम से
In other respects	अन्य बातों में
In part	अंशतः
In particular	विशेषतः
In pendents	निलंबित
In perpetuity	शाश्वत, सदैव के लिए
In person	स्वयं
In place of	के स्थान में
In presence of	के समक्ष, के सामने
In prosecution of	के चलाने में, की पूर्ति करने में
In pursuance of	के अनुसरण में, अनुसार
In regard to	के बारे में
In respect of	के लिए, के हितु, के विषय में
In supersession of	का अधिलंघन करते हुए, को निष्प्रभाव करते हुए
In support of	के समर्थन में, की पुष्टि में
In that behalf	उस विषय में, उसके सम्बन्ध में, उसके लिए, उस प्रयोजन के लिए
In the aggregate	कुल मिला कर
In the case of	की स्थिति में, के विषय में
In the circumstances	परिस्थितियों में
In the event of	के होने पर, की अवस्था में

In the first instance	पहले तो, प्रथमतः
In the interest of	के हित में, के लिए
In the light of	को ध्यान में रखते हुए
In this behalf	इस सम्बन्ध में, इस विषय में, इसके लिए
In toto	संपूर्णतः, पूरी तरह से
In view of	को देखते हुए
Inability	अयोग्यता
Inaccuracy	अयथार्थता, अशुद्धि
Inadmissible	अस्वीकार्य, अग्राह्य
Inadvertently	अनजाने, असावधानी से
Inadvertence	अनवधानता, असावधानी
Inapplicable	अप्रयोज्य, लागू न होने वाला
Incidental	प्रासंगिक
Incidental charges	प्रासंगिक प्रभार
Incidental expenses	प्रासंगिक व्यय
Incidental order	प्रासंगिक आदेश
Inclusive of	सम्मिलित करके, शामिल कर के, मिलाकर
Incompatible	बेमेल, मेल न खाता हुआ
Incompetency	अक्षमता
Inconclusive	अनिश्चायक
Incongruous	विषम, बेतुका
Inconsistent	असंगत
Increment	तरक्की
Increment certificate	तरक्की पत्र
Incumbent	पदग्राही
Incumbent upon, To be	लाजिम होना, आवश्यक

Indemnification	क्षतिपूरण
Indemnify	क्षति-पूर्ति करना
Indemnity Bond	क्षतिपूर बंध
Indent	निदेश, निदेश-पत्र
Index	सूचक, अनुक्रमणी
Index card	सूचक-पत्र/कार्ड
Index number	सूचक-अंक
Indexing	सूचक या अनुक्रमणी बनाना
Indiscipline	अनुशासनहीनता
Inefficient	अकार्य-कुशल
Ineligible	अपात्र
Inexpedient	अकार्योचित
Inferior	१. अवर; २. अदना
Infirmity	अशक्तता
Informal	अनौपचारिक
Information	सूचना, जानकारी
Information, On the point of	सूचनार्थ
Infringement	अतिलंघन
Initial	प्रारंभिक, आदि
Initial pay	प्रारंभिक वेतन
Initials	प्रथमाक्षर
Initiative	पहल, पहल-शक्ति, आरंभिक
Initiative, To take	पहल करना
Inland	देशीय
Insignia	लक्ष्म
Inspect	निरीक्षण करना
Inspection, Periodical	नियतकालिक निरीक्षण
Inspection notes	निरीक्षण टिप्पणी
Inspection report	निरीक्षण रिपोर्ट

Installation (in office)	संस्थापन
Instalment	किस्त
Instance, In the first	पहले
Instruction	अनुदेश, हिदायतें
Insubordination	अविनय
Insurance	बीमा
Intent	आशय
Intention	अभिप्राय
Inter alia	साथ-साथ
Interception	अन्तर्ग्रहण, बीच में पढ़/रोक/सुन लेना
Intercommunication	अन्तः संचारण
Interdepartmental	अंतर्विभागीय
Inter unit	अंतरेकांश
Interference	हस्तक्षेप
Interim	अंतरिम
Interim award	अंतरिम पंचाट
Interim order	अंतरिम आदेश
Interim relief	अंतरिम सहायता
Intermediate	मध्यवर्ती
Intermediary	बिचौलिया
Internal	आंतरिक
Interpolation	प्रक्षेप
Interpretation	अर्थनिर्णय
Interpreter	दुभाषिया
Interrogate	पूछताछ करना
Intersperse	इधर-उधर फैलाना
Interval	मध्यावकाश, इंटरवल
Interview	इंटरव्यू, भेंट, समालाप
Intimation	इत्तिला

Introduction	१. प्रस्तावना; २. परिचय
Invalid (in all sense.)	निबल
Invalidity	निबलता
Inventory	फ़र्द, सूची
Investigation	जाँच, तफ़तीश
Invoice	बीजक
Inward Register	आवक रजिस्टर
Ipso facto	तथ्यश:
Ipso jure	विधिश:
Irrelevant	असम्बद्ध
Irrespective of	अपेक्षा किये बिना, लिहाज किये बिना
Irresponsible	अनुत्तरदायी, बेजवाबदार (कन्नड़)
Irrevocable	अटल
Issue	निर्गम, जारी करना, भेजना
Issue note	निर्गम-टिप्पणी
Issue register	जावक रजिस्टर
Item	मद्द, कलम
Jail	जेल, कारा, कारागार
Job	नौकरी
Jobbery	स्वार्थाचार
Job work	उजरती काम
Join	शामिल होना, सेवारम्भ करना
Joining date	सेवारम्भ तिथि, नौकरी शुरू करने की तारीख
Joining Report	सेवारम्भ रिपोर्ट
Joining Time	बदली समय
Joining Time Pay	बदली समय वेतन
Joint Annuity	संयुक्त वार्षिकी

Joint Application	संयुक्त आवेदन-पत्र
Joint Attestation	संयुक्त साक्ष्यांकन
Joint Concurrence	संयुक्त सहमति
Joint Consultation	सम्मिलित परामर्श
Joint Draft	संयुक्त मसौदा
Joint funds	सम्मिलित निधियां
Joint Liabilities	सम्मिलित देयता
Joint representation	संयुक्त प्रतिनिधान/प्रतिवेदन
Joint Resolution	संयुक्त संस्ताव
Joint Services Wing Examination	सम्मिलित सेवा स्कंध परीक्षा
Joint Supervision	संयुक्त पर्यवेक्षण
Joint Tenants	संयुक्त कृषक, मुश्तर्का आसामी
Jointly	संयुक्त रूप से
Jointly & Severally	संयुक्त और पृथक रूप से
Journal	रोजनामा, दैनिकी, पत्रिका
Jubilee	जयन्ती
Jubilee, Diamond	हीरक जयन्ती
Jubilee, Golden	स्वर्ण जयन्ती
Jubilee, Silver	रजत जयन्ती
Judicial	१. न्याय संबन्धी, न्यायिक; २. अदालती
Judicial Enquiry	अदालती जाँच
Judiciary	न्यायांग, न्यायकारी
Junior	अवर
Junior time scale	अवर समय-मान
Juniority	अवरता
Jurisdiction	अधिकार क्षेत्र
Justifiable	न्यायसंगत
Justify	सफाई देना, न्याय-संगत सिद्ध करना

Juvenile	किशोर
Juvenile Convict	किशोर मुजरिम
Juvenile Court	किशोर न्यायालय
Juvenile Delinquency	किशोर अपचार
Juvenile Employment	किशोर सेवा-योजन
Juvenile Jail	किशोर कारागार
Juvenile Offender	किशोर अपराधी
Keep pending	निर्णयार्थ रोक रखना
Keep in abeyance	मुल्तवी रखा जाय
Key-board	कुंजी फलक, की-बोर्ड
Key-map	मूल नक्शा
Label	लेबल
Labour Welfare	श्रम हित
Land-mark	भू-चिह्न
Land records	भू-अभिलेख
Land revenue	भू-राजस्व, मालगुजारी
Land tenures	पट्टेदारी
Laps	लय, बीत जाना
Last pay certificate	अंतिम वेतन सनद
Late payment	देर से अदायगी
Lay out	अभिन्यास, खाका
Lease	पट्टा
Lease for life	आजीवन पट्टा
Lease hold	पट्टे पर
Lease hold system	पट्टाधारिता
Lease holder/Lessee	पट्टाधारी
Lease, Mortgage	बन्धक पट्टा
Lease, Permanent/Fixed	पक्का पट्टा

Lease, Sub	शिकमी पट्टा
Lease without term	निरवधि पट्टा
Leave	छुट्टी
Leave, Casual	अनियत छुट्टी
Leave account	छुट्टी का लेखा
Leave allowance	छुट्टी भत्ता
Leave, Average	औसत छुट्टी
Leave, Compensatory	मुआवजा छुट्टी
Leave, Commuted	परिवर्त्तन छुट्टी
Leave, Converted	परिवर्तित छुट्टी
Leave, Earned	अर्जित छुट्टी
Leave not earned	अनर्जित छुट्टी
Leave not due	अग्रिम छुट्टी
Leave of absence	अनुपस्थिति छुट्टी
Leave on average pay	औसत वेतन पर छुट्टी
Leave on half average pay	अर्ध औसत वेतन पर छुट्टी
Leave, Medical	डॉक्टरी सार्टीफिकेट पर छुट्टी
Leave preparatory to retirement	निवृति-पूर्व छुट्टी
Leave, Quarantine	चालीसा छुट्टी, संगरोध छुट्टी
Leave salary	छुट्टी का वेतन
Leave, Study	अध्ययनार्थ छुट्टी
Leave with pay	वैतनिक छुट्टी
Leave without pay	बिना वेतन छुट्टी
Ledger	खाता
Ledger balance	खाता बकाया
Ledger folio	खाता पन्ना
Legislative business	विधान कार्य
Legislative measure	वैधानिक कार्यवाही

Length of service	सेवा-काल
Letter-book (in which copies of correspondence are kept)	पत्र-नकल बही
Letter, Covering	साथ का पत्र, सहपत्र
Letter head	शीर्षनामा
Letter of acceptance	स्वीकृति पत्र
Letter of advice	सूचना-पत्र
Letter of authority	अधिकार-पत्र
Letter of credence	प्रत्यय-पत्र
Letter of credit	साख-पत्र
Letter pad	पत्र बंध/पैड
Letter press (printed matter relating to illustrations)	चित्र-टीका
Liability	दायिता
License	लाइसेंस, अनुज्ञा-पत्र
License holder	अनुज्ञाधारी, लाइसेंसदार
Lien	हक़, स्वत्व
Life-annuity	आजीवन वार्षिकी
Linked file	सम्बद्ध फ़ाइल
Livelihood	जीविका
Living wages	निर्वाहिका
Lock out	तालाबन्दी
Lodging	रिहायश, निवास
Log Book	लाग-बुक, कार्य-पंजी
Lower age limit	ऊन आयु सीमा, निचली आयु सीमा
Lump sum	एकराशि, इकमुश्त
Maintenance	१. अनुरक्षण, देखभाल; २. भरण, रोटी-कपड़ा
Maintenance allowance	भरण-भत्ता; रोटी कपड़ा-भत्ता
Maintenance grant	भरण अनुदान

Mailing list	डाक सूची
Major	१. वयस्क, बालिग २. मुख्य
Major head	मुख्य शीर्ष
Majority	१. बहुमत २. वयस्कता, बालिगपन
Malafide	कदाशय
Malafides	कदाशयता
Management	प्रबन्ध
Man hours/days	श्रम घंटे/दिवस
Manifesto	आविस-पत्र
Manipulate	१. चलाना २. जोड़-तोड़ करना
Manpower	जन-बल
Manual labour	शारीरिक-श्रम, कायिक श्रम
Margin	१. हाशिया २. गुञ्जायिश
Marginal notes	हाशिया-टिप्पणी
Marking	१. नम्बर देना २. अंकन, निशान लगाना
Mark sheet	अंक-पत्र
Maternity	प्रसूति, जापा
Maternity benefit act	प्रसूति हित-एक्ट
Maternity leave	प्रसूति-छुट्टी
Matter	विषय, मामला
Maximum	अधिकतम, ज्यादा से ज्यादा
Maximum average pay	अधिकतम औसत वेतन
May be filed	फाइल कर दिया जाय
Measure	१. उपाय २. नाप ३. मान ४. कारवाई
Measure, Precautionery	एहतियाती कारवाई, पूर्वोपाय
Measure, Preventive	निवारक उपाय
Mediation	मध्यस्थता, बीच-बचाव
Medical benefit	**डाक्टरी (चिकित्सा की) सुविधा**

Medical certificate of fitness	क्षमता का डाक्टरी प्रमाण-प्रत्र
Medical certificate of sickness	बीमारी का डाक्टरी प्रमाण-पत्र
Medical examination	डाक्टरी परीक्षा
Medical record card	डाक्टरी ब्योरा कार्ड
Medical report	डाक्टरी रिपोर्ट
Meeting	बैठक
Member	सदस्य
Member, Associated	सहयोजित सदस्य
Member, Co-opted	
Member, Corresponding	सम-सदस्य
Member, Founder	संस्थापक सदस्य
Memorandum	१. यादी २. ज्ञापक
Merger	विलयन
Mileage	१. मील-दूरी २. मील-भत्ता
Minimum	न्यूनतम, कम से कम
Minimum Wages Act	न्यूनतम मजदूरी ऐक्ट
Ministerial	मंत्रालय सम्बन्धी
Ministerial staff	दफ़तरी श्रमला
Minor	१. अवयस्क; नाबालिग; २. लघु
Minor head	लघु शीर्ष
Minority	१. अल्प संख्या, अल्पमत; २. अवयस्कता
Minutes (of the meeting)	कार्यवृत्त
Minutes book	कार्यवृत्त-पुस्तक
Misappropriation	दुर्विनियोग
Misbehaviour	अभद्र व्यवहार
Miscellaneous	फुटकर, प्रकीर्ण, विविध
Misconduct	अवचार
Mismanagement	कुप्रबन्ध

Misrepresentation	अन्यथा-कथन, गलत बयान देना
Modification	हेर-फेर, तरमीम
Monetary grant	आर्थिक अनुदान
Monopoly	एकाधिकार, इजारा
Monthly progress report	मासिक प्रगति रिपोर्ट
Monthly statement	मासिक विवरण
Monthly tour diary	मासिक दौरा दैनिकी
Most Immediate	अति तात्कालिक
Most urgent	अति तुरत
Motion	उपस्ताव
Motion, Adjournment	स्थगन-उपस्ताव, काम रोको उपस्ताव
Motion of confidence	विश्वास उपस्ताव
Motion of no-confidence	अविश्वास उपस्ताव
Motor car allowance	कार-भत्ता
Move	उपस्ताव रखना
Movement	संचलन
Movement register	आवाजाही रजिस्टर
Muster-roll	उपस्थिति नामावली, हाजिरी रजिस्टर
Narrow majority	थोड़ा सा बहुमत
National debt	सरकारी ऋण
National guild	राष्ट्रीय कारीगर-श्रेणी
National income	राष्ट्रीय आय
National insurance scheme	राष्ट्रीय बीमा योजना
Necessary action	आवश्यक कारवाई
Necessary draft put up	अपेक्षित मसौदा प्रस्तुत है
Needful, Do the	आवश्यक कारवाई करो
Neglect of duty	कर्त्तव्य उपेक्षा
Negligence	प्रमाद, गफलत

Negotiate	(समझौते की) बातचीत करना, सौदा करना
Net assets	पूरी परिसम्पत्ति
Night shift	रात पारी
No action	कोई कार्रवाई नहीं
No admission	प्रवेश मना है, अन्दर आना मना है
No bar	कोई रोक नहीं
No confidence vote	अविश्वास-प्रस्ताव
No instructions	कोई हिदायत नहीं
No objection certificate	अनापत्ति-पत्र
No payment certificate	गैर-अदायगी-पत्र
Nomenclature	अभिधान, नाम पद्धति
Nomination	नामन
Nomination paper	नामन-पत्र
Nominator	नामन कर्त्ता
Nominee	नामित (मनोनीत)
Non-acceptance	अस्वीकृति
Non-commissioned	अ-राजादिष्ट
Non-compliance	अपालन
Non-consent	असहमति
Non-delivery	अवितरण
Non-earning	अनर्जक
Non-employment certificate	बेरोजगार-सर्टीफिकेट
Non-gazetted	अराजपत्रित
Non-Government Delegate	गैर-सरकारी/अराजकीय प्रतिनिधि
Non-Official	अनाधिकारिक, गैर-सरकारी
Non-permanent quota	अस्थायी कोटा
Non-practising allowance	प्रैक्टिस-बंदी भत्ता
Non-recurring(Expenditure)	अनावर्ती (व्यय)

Non-Selection post	गैर-सेलेक्शन पद
Note (n)	टिप्पणी, नोट
N. B. (Nota bene)	ध्यान दीजिये
Noted	नोट कर लिया
Note of dissent	असहमित-नोट
Noters and Drafters	टीपक और मसौदाकार
Notes cover	टिप्पणी-फाइल
Note-sheet	टिप्पणी-पत्र
Notice	नोटिस
Notice Board	नोटिस-बोर्ड
Notice of discharge	बरखास्तगी नोटिस
Notice of motion	उपस्ताव सूचना
Notification	अधिसूचना
Notified area	अधिसूचित इलाका, नोटीफाइड एरिया
Noting and drafting	टिप्पणी और मसौदा-लेखन
Oath of allegiance	निष्ठा-शपथ
Oath of office	पद-शपथ
Oath of secrecy	राजदारी-शपथ
Obtain formal sanction	औपचारिक मंजूरी प्राप्त करो
Occupation	धंधा, कब्जा लेना
Octroi duty	चुंगी, जकात
Off day	छुट्टी का दिन
Off duty	काम के बाद, काम पर न होना
On duty	काम पर, काम करते हुए
Offer (of a post) v.	नियुक्ति-प्रस्ताव भेजना/देना
Offer (of a post) n.	नियुक्ति प्रस्ताव
Office	१. दफ्तर; २. पद
Office, Attached	सम्बद्ध दफ्तर
Office, Subordinate	अधीन दफ्तर

Office, Acceptance of the	पद स्वीकृति
Office bearer	पद्धारी
Office copy	नकल, दफ्तर की प्रति
Office memorandum	दफ्तरी यादी
Office note	दफ्तरी नोट
Office order	दफ्तरी आदेश, कार्यादेश
Official	सरकारी/आधिकारिक
Official benches	सरकारी पक्ष
Official business	सरकारी काम
Official correspondence	सरकारीपत्र-व्यवहार, अधिकारिक पत्र-व्यवहार
Official language	राजभाषा
Official Report	सरकारी रिपोर्ट/प्रतिवृति
Official Secret Act	सरकारी राज अधिनियम
Official version	सरकारी या अधिकारिक कथन
Officiating	स्थानापन्न
Officiating allowance	स्थानापत्ति-भत्ता
Officiating Pay	स्थानापत्ति-वेतन
Officer in-charge	कार्यभारी अफसर
On behalf of	की ओर से
Operation	परिचालन
On deputation	उपनियुक्ति पर, डेपुटेशन पर
On medical grounds	बीमारी के कारण
On Probation	प्रोबेशन पर, परखाधीन, परिवीक्ष्यमाण
Onward transmission	आगे भेजने के लिए
Open session	खुला अधिवेशन
Order of merit	योग्यता-क्रम
Order Communicated	आदेश भेज दिया गया
Order, Standing	स्थायी आदेश

Ordinance	अध्यादेश, आर्डिनेंस
Original copy	मूल प्रति
Outgoing Files	जाने वाली फाइलें, निर्गामी फाइलें
Out of date	पुरानी, गतावधि
Out of turn allotment	पारी बाहर नियतन
Out to-day	आज ही भेजिए
Outward Register	जावती डाक रजिस्टर
Overdue (1. Account	१. खड़ा, अत्यवधि
2. train)	२. समय-पश्चात, समय से पीछे
Over-estimate	अधिक कूतना, अत्यंकन
Over-head charge	ऊपरी खर्च
Over payment	अधिक अदायगी, अधिक भुगतान
Overseas allowance	समुद्रपार-भत्ता
Overtime	समयोपरि
Overtime allowance	टिक्का, समयोपरि भत्ता
Package	पैकेज, माल-बंद
Packet	पुलिन्दा
Pact	वचन-पत्र
Pad	१. गद्दी, पैड २. संची
Pad, Ink	स्याही पैड
Pad, Letter	पत्र-संची, पत्र-पैड
Panel (a body of persons)	नामिका
Pen tray	कलमदान
Papers under consideration	विचाराधीन कागज
Papers under disposal	निकासी के कागज
Parcel	पार्सल
Par excellence	श्रेष्ठ, उत्कृष्ट
Part time	अंशकालिक
Partial	आंशिक

Pass	पास, पास करना, पारण, पार जाना, गुजर जाना
Passage of a bill	बिल पास करना
Pass-book	पास-बुक
Pass port	पारपत्र, पासपोर्ट
Patent	पैटेंट, एकस्व
Patronage	प्रश्रय
Pay	वेतन, तनखाह
Pay, Advance	अग्रिम वेतन, पेशगी तनखाह
Pay, Basic	मूल वेतन
Payable	देय
Pay bill	वेतन-बिल
Pay day	वेतन दिवस
Pay, Fixed	नियत वेतन
Pay roll	वेतन चिट्ठा
Pay slip	वेतन पर्ची
Payment	अदायगी
Pay order	अदायगी-आदेश
Pay, Overseas	समुद्रपार वेतन
Pay, Personal	निजी वेतन
Pay, Presumptive	संभावी वेतन
Pay, Special	विशेष वेतन
Pay, Substantive	मूल-पद वेतन
Pay, Timescale	समयमान वेतन
Pay-scale	वेतन-मान
Pecuniary	धन सम्बन्धी
Penalty	दण्ड
Pending (adj.)	अनिर्णीत, निलंबित
Pending (adv.)	तक, पर्यन्त

Pension	पेंशन
Pension card	पेंशन-कार्ड
Pensioner	पेंशन भोगी
Pensionary charges	पेंशन सम्बन्धी प्रभार
Peon-book	पियुन बुक, पत्रवाह-पंजी
Per annum	प्रति-वर्ष, सालाना
per bearer	दस्ती
Per cent	प्रतिशत, फ़ी सदी, फ़ी सैकड़ा
Periodical Report	नियत कालिक/मियादी रिपोर्ट
Periodical Returns	नियत कालिक/मियादी विवरण
Permanancy	स्थायित्व
Permanent	स्थायी
Per mensem	प्रतिमास, माहवार
Permit	परमिट
Personal	व्यक्तिक
Personnel	कार्मिक-वर्ग
Petition	याचिका, अर्ज़ी
Piece work	उजरती काम
Piece work rate	उजरत-दर
Pin Cushion	पिन कुशन, गद्दी
Plan	आयोजन
Planning	आयोजना
Please acknowledge receipt	पावती भेजिए
Please expedite compliance	जल्दी पालन करिए
Please speak	बात कर जाइए
Plenary	पूर्ण
Plenary conference	पूर्ण सम्मेलन
Plenary session	पूर्ण अधिवेशन
Policy (of Insurance)	बीमा-पालिसी

Poll	मतांकन, वोट डालना, वोट पड़ना
Post	पद
Post dated	उत्तर तिथि
Poster	पोस्टर
Posting	तैनाती
Post, Permanent pensionable	स्थायी पेंशन पद
Postpone	मुल्तवी करना
Postponement	मुल्तवी
Post, Probation	परखाधीन पद
Post, Substantive	मूल पद
Post Script	पश्च लेख
Post, Selection	सेलेक्शन पद
Practice, Legal	वकालत
Practice, Medical	डाक्टरी पेशा
Preamble	प्रस्तावना
Preference	तरजीह, अधिमान
Preliminary Report	प्रारम्भिक रिपोर्ट
Premium	प्रीमियम, बीमा-क़िस्त
Premises	परिसर
Prepage, From	पिछले पन्ने से
Preparatory to retirement	रिटायर होने से पहले, निवृत्ति से पहले
Prescribed form	नियत फ़ार्म
Preservation	परिरक्षण
Press	प्रेस, मुद्रणालय
Press Censorship	प्रेस-सेंसरी
Press communique	प्रेस-विज्ञप्ति
Press gallery	पत्रकार-वीथी
Press hand-out	पत्रक

Press note	प्रेस-ज्ञापनी
Press release	प्रेसबंटन
Prevention	निवारण
Preventive measure	निवारक उपाय, पेशबन्दी
Primary	प्राथमिक
Prior claim	अग्र दावा
Priority	अग्रता
Priority marking	अग्रता अंकन/निर्धारण
Private	निजी
Private practice	निजी प्रैक्टिस
Privilege	प्राधिकार
Probation	परख, परिवीक्षा
Probation period	परख अवधि
Probationer	परिवीक्ष्यमाण
Procedure	क्रियाविधि
Proceedings	कार्यवाही
Proclamation	घोषणा
Progress report	प्रगति रिपोर्ट/प्रतिवृत्त
Prohibition	निषेध
Project	प्रायोजना
Promotion	तरक्की, पदोन्नति
Proposal	प्रस्ताव
Prospectus	विवरण-पत्रिका
Provident fund	निर्वाह-निधि
Provision	१. उपबन्ध, शर्त; २. व्यवस्था
Provisional	अनंतिम
Proviso	उपबन्ध, शर्त
Public (n.)	जनता
Public (a.)	सार्वजनिक, आम, सरकारी

Public notification	आम सूचना
Put up	पेश कीजिए
Put up slip	पेश पर्ची
Physical fitness certificate	निरोग-पत्र
Quaduplicate	चार प्रतियाँ
Qualification	योग्यता
Qualified candidate	योग्य उम्मीदवार
Qualify	पात्रता पाना
Qualifying marks	पात्रता अंक
Quarantine leave	चालीसा छुट्टी, संगरोध छुट्टी
Quasi-permanancy	स्थायिवत्ता
Quasi-permanent	स्थायिवत्
Questionnaire	प्रश्नावली
Quorum	कोरम
Quota	कोटा
Range	इलाका, प्रक्षेत्र
Rank	पदवी, ओहदा
Rate	१. पौर-कर; २. दर
Rate-payer	पौर-कर दाता
Ratification	सत्यांकन
Re-appointment	पुर्ननियुक्ति
Re-appropriation	पुर्नविनियोग
Reassessment	पुर्ननिर्धारण
Rebate	घटौती
Recall	प्रत्यावाहन, वापस बुलाना
Recapitulation	सार-कथन
Receipt	रसीद, प्राप्ति
Receipt-book	रसीद-बही
Receipted Chalan	रसीदी चालान

Receipted Register	रसीद रजिस्टर
Receive	१. पानेवाला, प्राप्त २. रिसीवर
Recess	अवकाश
Recommend	सिफारिश करना
Recommendation	सिफारिश
Reconciliation	निपटारा, समाधान, मेल-मिलाप
Record	१. अभिलेख; २. दर्ज करना, अंकित करना
Record of service	सेवा-वृत्त
Recovery	वसूली
Recruitment	भरती
Recurring	आवर्त्ती
Recurring charges	आवर्त्ती प्रभार
Recurring grant	आवर्त्ती अनुदान
Reduction	कमी
Reference	हवाला, संदर्भ
Reference, Back	पिछला हवाला
Reference, Cross	प्रति-निर्देश
Reference, Later	उत्तर संदर्भ/हवाला
Reference, previous	पूर्व संदर्भ/हवाला
Reference Register	हवाला रजिस्टर
Refresher Course	पुनश्चर्या (कन्नड़)
Refund	(n) धन वापसी (v) धन लौटाना, फेरना
Refutation	खंडन
Registered	रजिस्ट्री हुआ
Reimbursement	प्रतिपूर्ति
Reinstate	बहाल करना
Reinstatement	बहाली

Rejoinder — प्रत्युत्तर
Release (n) — १. रिहाई; २. छुटकारा, छूट, मुक्ति; ३. बंटन
Release date — बटंन-तिथि
Release, general — आम बंटन
Release, Press — प्रेस बंटन
Relevant — संगत
Reliable — विश्वस्त, पक्का
Relief (n) — १. सहायता; २. बदली (तेलुगु, कन्नड़), बदल; ३. कुमुक
Relieve (v) — (नौकरी से) छुट्टी देना, पाना या मिलना, भार मुक्त करना
Remarks — कैफियत
Reminder — तकाजा, तगादा (तेलुगु, कन्नड़)
Remission — माफी, छूट
Remit — भेजना
Remittance — प्रेषण, भेजना
Remuneration — पारिश्रमिक, मेहनताना
Rent — किराया, भाड़ा
Report (n) — रिपोर्ट, इतिवृत्त, विवरणिका
Report (v) — १. रिपोर्ट करना, रपट लिखाना, २. इतिवृत्त देना, विवरणिका लिखना
Repository — निधान
Representation (2. as of a Case) — १. प्रतिनिधान, २. प्रतिवेदन
Representation, Majority — बहु प्रतिनिधान
Representation, Minority — अल्प प्रतिनिधान
Representation, proportional — आनुपातिक प्रतिनिधान
Representative — प्रतिनिधि

Requisition	१. माँगनी, २. अधिग्रहण
Requisition slip	माँगनी-पर्ची
Reservation	प्रारक्षण
Resettlement	पुनःस्थापन
Resign	इस्तीफा देना, त्याग-पत्र देना
Resignation	इस्तीफा, त्याग-पत्र
Resolution	संस्ताव
Restriction	रोक, प्रतिबंध, पाबंदी
Resume (n)	सार-वृत्त
Resume (v)	पुनरारंभ करना, फिर शुरू करना
Resumption	पुनरारंभ
Retire	रिटायर होना, निवृत्त होना
Retirement	निवृत्ति
Retirement benefit	निवृत्ति लाभ
Retrenchment	छँटनी
Retrospective	पूर्वव्याप्ति (कन्नड़)
Retrospective effect, With	पूर्व व्याप्ति सहित
Returns	विवरणी
Reversion	परावर्तन
Revision	पुनरीक्षण, दोहराना, परिशोधन
Revision of pay scale	वेतन-मान का पुनरीक्षण
Roll	१. फर्द, २. पंजी
Roll, Character	आचरण-पंजी
Roll number	रोल नम्बर
Roster	रोस्टर
Rough copy	कच्ची नकल
Routine	नित्यचर्या, नेमी, नेमका, दस्तूरी
Routine note	नेमी-नोट, दस्तूरी-नोट (तेलुगु)
Royalty	रायल्टी

ule	नियम
ules and Regulations	नियम-कायदे
anction	मंजूरी
alary	वेतन
cale of pay	वेतन-मान
chedule	१. अनुसूची, पत्रक; २. योजना-लेख
chedule, programme	कार्य-पत्रक
chedule, Time	समय-पत्रक
cheme	योजना
croll	वर्ति-लेख
crutiny	संवीक्षा, छानबीन
eal (n)	मुद्रा
eal (v)	मोहर लगाना
ealed tender	मोहरबन्द टेंडर
econdary	गौण, माध्यमिक
ecrecy	गोपनीयता, गुप्तता, रहस्य
ecret (adj.)	गोपनीय, गुप्त
ecret cover	गोपनीय लिफाफा
ecret instruction	गुप्त आदेश
ecret letter	गोपनीय पत्र
cret, Most	परम गोपनीय
ction	१. अनुभाग, २. धारा
ction, Sub	उप-धारा
ctor	क्षेत्रक
curity	१. प्रतिभूति, जमानत; २. सुरक्षा
curity bond	जमानत-नामा, प्रतिभूति-पत्र
curity Guard	सुरक्षा-गारद
curity measures	सुरक्षा-उपाय
en and spoken	देख लिया और बात कर ली।

Senior	प्रवर, बड़ा, उच्च
Selection	चुनना
Selection grade	सेलेक्शन ग्रेड, वरण ग्रेड, चुनींदा ग्रेड
Seniority	प्रवरता, उच्चता
Seniority list	प्रवरता-सूची
Senior time-scale	प्रवर समयमान
Serial list	क्रम-सूची
Serial number	क्रमांक, क्रम संख्या
Service	१. सेवा, नौकर; २. व्यवस्था; ३. सर्विस
Service book	सेवा-पंजी
Service-roll	सेवा-वृत्त
Service-sheet	सेवा-पत्र
Service Subordinate	मातहती सेवा
Service, Superior	उच्च सेवा
Session	सत्र, अधिवेशन
Slip	पर्ची
Shift	पारी
Shift, Day	दिन पारी
Shift, Night	रात पारी
Shift system	पारी-प्रणाली
Short-term Course	अल्पकालिक पाठ्यक्रम
Show Cause Notice	कारण नोटिस
Sine die	अनिश्चित काल के लिए
Sir	श्रीमान, महोदय
Sorting	छांट
Souvenir	स्मारिका
Special additional pension	विशेष अतिरिक्त पेंशन
Specimen	बानगी, नमूना
Specimen signature	नमूना हस्ताक्षर

Staff	अमला, कर्मचारी-वर्ग
Stamp	टिकट, स्टाम्प
Stamp paper	स्टाम्प/छापा कागज
Stamp, Postage	डाक-टिकट
Stamp Revenue	रसीदी-टिकट
Stamp Duty	स्टाम्प शुल्क
Standard	मानक
Standing orders	स्थायी आदेश
Starred	तारांकित
Statement	१. वक्तव्य; २. विवरण
Statistical table	संख्यान तालिका
Statistics	१. सांख्यिकी; २. आँकड़े
Status	परिष्ठा, हैसियत
Status quo	यथापूर्व (स्थिति)
Stipend	वृत्तिका, वजीफा
Stipendiary	वृत्तिक, वृत्तिकाग्राही, वजीफेदार
Stock	सामान, माल, शेष माल
Stock taking	माल की पड़ताल
Storage	१. गोदाम भाड़ा, २. गोदाम में रखना
Store	भंडार, गोदाम
Subject to	अधीन रहते हुए
Subject to approval	अनुमोदन मिलने पर, अनुमोदनाधीन
Subletting	शिकमी देना
Submission	निवेदन, पेश करना
Submit	पेश करना
Submitted for information	सूचनार्थ
Submitted for order	आदेशार्थ
Submitted for perusal	अवलोकनार्थ

Subordinate office	अधीन/मातहत दफ्तर
Subordinate Staff	अधीन/मातहत अमला
Subsequent	बाद का, उत्तरवर्ती
Succeeding	अनुवर्ती
Subsidiary	गौण
Subsidy	उपदान
Subsistance allowance	गुजारा (भत्ता)
Subsistance grant	गुजारा अनुदान
Substantive	मूल
Substantive post	मूल पद
Substitute	एवजी, बदल
Summary	सारांश
Sumptuary allowance	सत्कार भत्ता, आतिथ्य भत्ता
Superannuate	अधिवर्ष
Superannuation allowance	अधिवर्ष भत्ता
Supernumerary post	अधिसंख्य पद
Super-tax	अतिकर
Superintendence	अधीक्षण
Supervision	पर्यवेक्षण, देखभाल
Supplement	जोड़बंध
Supplementary	अनुपूरक
Supplementary budget	अनुपूरक बजट/आय व्ययक
Supplementary estimates	अनुपूरक-प्राक्कलन/अंदाजा
Supplementary grant	अनुपूरक अनुदान
Sur-charge	अधिभार
Surety	जामिन
Surplus	अधिशेष
Surrender	कब्जा देना
Survey	सर्वेक्षण

Survey, Sample	नमूना सर्वेक्षण
Suspend	१. मुअत्तल करना, रोक देना २. निलंबन करना
Suspension	मुअत्तली
Table	१. सारणी, २. मेज
Table, Time	समय-सारणी
Table of contents	विषय-सूची
Tabulated Statement(Table)	सारणी
Tabulation	सारणी बनाना, सारणीकरण
Tag (n)	टैग
Tag (v)	नत्थी करना
Tariff	१. टैरिफ, २. दर सूची
Tax	कर
Taxable	कर-योग्य
Taxation	कर लगाना, कराधान
Technical	तकनीकी, प्राविधिक
Technical training	तकनीकी तालीम
Technique	तकनीकी
Technology	उद्योग-विद्या
Temporary	अस्थायी
Temporary appointment	अस्थायी नियुक्ति
Temporary, Purely	बिलकुल अस्थायी
Tender (v)	टेंडर देना
Tender (n)	टेंडर
Tender-money	टेंडर की रकम
Tenure of land	पट्टेदारी
Tenure of office	पदावधि, कार्यकाल
Tenure of work (p. w. d.)	ठेका अवधि
Term	१. अवधि, २. शर्त, ३. उपसत्र

Terms of service	नौकरी की शर्तें
Terminable	समापनीय
Terminal (reports etc.)	आवधिक
Terminal advantages	पर्यन्त लाभ
Termination (of services)	समाप्ति
Terms of reference	विचारार्थ विषय
Terms and conditions	शर्तें
Testimonial	प्रशंसा-पत्र
Through proper channel	विधिवत्
Time-barred	समय-रुद्ध
Time-limit	समयावधि
Time scale	समय-मान
Title	१. शीर्षक; २. खिताब, उपाधि
To comply with	पालन करना
To give effect to	कार्यान्वित करना
Token	संकेत, टोकन
Toll	टोल, राहदारी
Toll-house	टोल घर
Top priority	परम अग्रता
Top secret	परम गोपनीय
Tour	दौरा
Tour diary	दौरा डायरी
Tour programme	दौरा कार्यक्रम
Tour report	दौरा रिपोर्ट
Trade mark	छाप, मार्का, व्यापार चिह्न
Training	तालीम, प्रशिक्षण
Transcription	अनुलेखन
Transfer (v)	बदली होना, बदली करना
Transfer (n)	बदली, स्थानांतर, अंतरण

Transfer allowance	बदली भत्ता
Transitional	अंतर्कालीन
Transit duty	पार-शुल्क
Transit pass	पार-पास
Transliteration	लिप्यंतर
Travelling allowance	सफर-भत्ता
T. A. Bill	सफर-भत्ता बिल
Tray	किश्ती, ट्रे
Treasury receipt	खजाना रसीद
T. D. R. (Treasury deposit receipt)	खजाना जमा रसीद
True copy	पक्की नकल, प्रतिलिपि
Trust	न्यास
Trust money	न्यास-धन
Typewriting	टाइप करना
Ultimo	गत, गतमास
Ultravires	शक्ति-पार (शक्ति के परे)
Unanimity	एकमत, सर्वसम्मति
Unanimous	एकमत
Unauthorised	अनधिकृत
Unconditional	बिना शर्त, अशर्त, अनिर्बन्ध
Unconfirmed	अपुष्ट, पुष्टि नहीं होती
Under	१. अधीन, अवर; २. कम, न्यून
Unde age	ऊन आयु, कम आयु का
Under certificate of posting	डाक प्रमाणित
Under consideration	विचाराधीन
Under estimate	न्यून-प्राक्कलन, कम अन्दाजा
Under one's hand	अपने हस्ताक्षर सहित

Under reference	प्रसंगगत्, चर्चाधीन
Undersigned*	
Undertaking	१. उपक्रम; २. वचन, प्रतिश्रुति
Unemployment	बेकारी
Unexpired	असमाप्त
Unfavourable	प्रतिकूल
Unforeseen charges	आकस्मिक प्रभार
Unicameral	एकसदनी
Uniformity	एकरूपता
Unilateral	इकतरफा, एकपक्षी
Unit	१. एकांश; २. मात्रक, इकाई
Unofficial	१. गैर-सरकारी, अशासकीय; २. अनधिकारिक, अनौपचारिक
Unofficial letter (U. O. letter)	अनौपचारिक-पत्र
Unqualified (Candidate)	अयोग्य
Until further order	दूसरे आदेश मिलने तक
Upgrade	पदोन्नति
Upper age-limit	उपरली आयु सीमा
Up-to-date	आज तक का
Urgent	तुरत
Vacancy	रिक्त
Vacancy, Leave	छुट्टी काल की रिक्ति
Vacant (Post)	रिक्त पद
Vacation	दीर्घावकाश, लम्बी छुट्टियाँ

* The Committee was of opinion that this construction is not suited to the Hindi idiom, therefore, it should be left out.

Valid	सबल
Validity	सबलता
Venue	स्थान, स्थल
Verification	सत्यापन
Veto	वीटो, रोध अधिकार
Vice-versa *	
Violation	उल्लंघन
Visa	वीसा, प्रवेश-पत्र
Vital Statistics	जीवन आँकड़े
Visitor's book	मुलाकाती-पंजी
Visitor's gallary	दर्शक-वीथि
Viva-Voce	मौखिक परीक्षा
Vocation	व्यवसाय
Voluntary (Work Camp)	खुदराजी
Vote	मत. वोट
Voucher	वाउचर
Wage	मजदूरी
Wage, Living	निर्वाहिका
Waiting list	प्रतीक्षा सूची
Warning	चेतावनी
Warrant	वारंट
Wastage	छीजन
Watch and ward	पहरा-निगरानी
Wear and tear	टूट-फूट
Wha:fage	स्थान शुल्क

* The Committee was of opinion that this construction is not suited to the Hindi idiom, therefore, it should be left out.

White-paper	श्वेत पत्र
Whole time	पूर्णकालिक
Wing	स्कंध
Withdrawal form	निकासी फार्म
With effect from	से
With regard	सम्बन्ध में
With respect to	के सम्बन्ध में
With reference to	के सम्बन्ध में, को निर्दिष्ट करके
With retrospective effect	पूर्व व्याप्ति सहित, पहले से
Work agent	एजेंट, कारिन्दा
Wound Pension	क्षत पेंशन
Working days	कार्य दिवस, काम के दिन
Workshop	कारखाना, वर्कशाप
Writ	लेख, आदेश लेख, आदिष्टि
Write off	बट्टे खाते में डालना
Year book	शब्द-कोष
Yours faithfully	भवदीय
Yours sincerely }	आपका
Yours truly }	आपका

———

APPENDIX 1

Phrases Commonly Used in Office Correspondence

1. A copy of the undermentioned papers is forwarded to.........for information/for information and guidance/for necessary action/for favour of a reply/for early compliance.

   ....को नीचे बताये कागजों की एक-एक नकल सूचना/सूचना और संदर्शन/आवश्यक कार्रवाई/उत्तर/शीघ्र अनुपालन के लिए भेजी जा रही है।

2. Attention is invited to the (Ministry of Health) office memorandum No.........dated.........

   (स्वास्थ्य मंत्रालय) का दफ्तरी यादी संख्या............ता०............ की ओर (आपका) ध्यान आर्कषित किया जाता है।

3. Copy forwarded for information/necessary action to :—
   इसकी नकल सूचना आवश्यक कार्रवाई के लिए इनको भेजी जा रही है :—

4. Government are pleased to accord sanction as a special case.

   इस विशेष परिस्थिति में राजकीय मंजूरी दी जाती है।

5. In continuation of my letter (or this Ministry letter) No.........dated.........

   मुझे अपने ता०............के पत्र (या इस मंत्रालय के पत्र) क्रमांक ....के आगे.........

6. In confirmation of........................letter No................. dated.........

अपने ता०....................के पत्र क्रमांक....................की पुष्टि में.........

7. In compliance with the request contained in your letter No.........dated...........

आपने अपने ता०.............के पत्र क्रमांक.....................में जो प्रार्थना की थी उसे स्वीकार करते हुए.............

8. In modification (or supersession) of the orders (or instructions contained in this Ministry letter No............. dated.........

इस मंत्रालय के ता०............के पत्र क्रमांक...........के आदेशों (या अनुदेशों) की तरमीम (या अधिलंबन) करते हुए.................

9. In reply to your letter No...........dated.......................

आपके पत्र ता०.....................क्रमांक...................के उत्तर में..........

10. In anticipation of your sanction and approval.

आपकी मंजूरी और अनुमति की प्रत्याशा में.........

11. In partial modification of the orders contained in...........
.......................में दिये हुए आदेशों में आंशिक तरमीम करते हुए.........

12. In continuation of my letter No.................................. dated........

मुझे अपने ता०...........के पत्र क्रमांक.......के सिलसिले में...........

13. I am directed to forward the accompanying letter.

मुझे निर्देश हुआ है कि मैं साथ लगा पत्र आपको भेजूं।

14. I am directed to acknowledge the receipt of your letter.

मुझे निदेश हुआ है कि मैं आपके पत्र की पावती भेजूं।

5. It may further be added......................

इसके बारे में यह और लिखना है कि.........

6. Its issue is authorised.

इसे जारी किया जा सकता है।

7. I have been directed to inform you/request you/ask you.

मुझे निदेश हुआ है कि मैं आपको सूचित करूँ/आपसे निवेदन करूँ/आपसे पूछूँ।

8. Notes and orders at page...............may please be seen in this connection...........

इस सम्बन्ध में.........पृष्ठ पर आदेशों और टिप्पणियों को देखिए।

9. Please acknowledge receipt.

कृपया पावती दीजिये/भेजिए।

0. Please comply before due date........

कृपया, नियत तारीख से पहले पालन करिये।

1. Please give top priority to......

कृपया.........को परम अग्रता दीजिये।

2. Please hand over charge to Shri...........and report yourself at........

श्री...........को कार्य-भार सौंपिये और.............पहुँचिये।

3. Please put up with previous papers......

कृपया पहले के कागजों के साथ रखिये।

4. Please refer to this office memorandum under reference.........

कृपया इस प्रसंग में इस दफ्तर की चर्चाधीन यादि को देखिये।

5. Please treat this as strictly confidential.

कृपया इसे सर्वथा गोपनीय समझिये।

26. Please hand over charge to........and report with charge sheet/charge list.

कृपया..............को कार्य-भार सौंपिये और आरोप-पत्र/आरोप-सूची के साथ यहाँ पहुँचिये।

27. Please refer to my endorsement No................................ dated......

कृपया ता०.............के मेरे पृष्ठांकन-पत्र क्रमांक......को देखिये।

28. Please refer to your letter No.........dated......

कृपया अपने ता०..............के पत्र क्रमांक.............को देखिये।

29. Reference is invited to.........

..............को देखिये।

30. Relevant papers be put up.

सम्बद्ध कागज-पत्र प्रस्तुत किये जायें।

31. Relief and joining report will be awaited.

भार-मुक्ति और कार्यारंभ रिपोर्ट की प्रतीक्षा की जायगी।

32. Sanction is hereby accorded to.........

............को मंजूरी दी जाती है।

33. Seen, file with previous papers.

देख लिया, पहले के कागजों के साथ फाइल कर दिया जाय।

34. Submitted with reference to Secretary's orders on prepage dated.........

पूर्व पृष्ठ पर सचिव के ता०............के आदेशानुसार रखा जाता है।

35. This is with reference to..............

यह............के प्रसंग में भेजा जा रहा है।

36. This is to inform that...............

सूचना दी जाती है कि............

37. This please be treated top priority case.........

कृपया, इस मामले को परम अग्रता दीजिये।

38. To bring to your kind notice........
आपका ध्यान दिलाने के लिए.............

39. This is to acknowledge receipt of your letter no.................dated.........
आपके ता०............पत्र क्रमांक.............को पावती भेज रहा हूं।

40. Undersigned is directed to.........
मुझे आदेश हुआ है कि.........

41. Under intimation to this office.
इस दफ्तर को सूचना देते हुए।

42. Undersigned is directed to acknowledge the receipt of your letter dated............No.........
मुझे निदेश हुआ है कि मैं आपके ता०...........के पत्र क्रमांक..........की पावती भेजूं।

43. Verification of antecedents.
पूर्ववृत्त का सत्यापन।

44. Vide note on the order sheet.
आदेश पत्र की टिप्पणी देखिये।

45. Will you please refer to your D. O. letter No......... dated.........regarding.........
कृपया,.................के बारे में अपना ता०..................का अर्द्ध सरकारी पत्र क्रमांक............देखिये।

46. With permission to prefix and suffix.
पहले और बाद में जोड़ने की अनुज्ञा दी जाये।

47. Without any further reference.
और आगे उल्लेख किये बिना।

48. With reference to your memo. cited above, I beg to state...........
ऊपर आपकी जिस यादी का उल्लेख किया गया है, उसके प्रसंग में निवेदन है कि..........

49. With reference to the correspondence resting with (or ending with) your/this Ministry letter No............. dated............

आपके/इस मंत्रालय के ता०..............के पत्र क्रमांक............के साथ रुके हुए (या समाप्त होने वाले) पत्र-व्यवहार के प्रसंग में..........

50. With refernece to your letter No...........dated...............

आपके/हमारे/मेरे ता०......के पत्र क्रमांक.........के प्रसंग में.......

51. With reference to the correspondence resting with your letter No...........

आपके पत्र क्रमांक..........के साथ रुके हुए पत्र-व्यवहार के प्रसंग में..........

52. With reference to his application dated............Shri ....is offered a post of...........

श्री............को ता०...............के आवेदन-पत्र के सम्बन्ध में ....(के पद) का नियुक्ति प्रस्ताव भेजा जाता है।

53. ....is directed to refer to memo. No........

.............से कहा जाता है कि यादी नं०..............को देखें।

54. From	प्रेषक
To	सेवा में
55. Dear Sir/My dear	प्रिय महोदय/श्रीमान्
56. Yours faithfully	भवदीय
Yours sincerely Yours truly }	आपक

APPENDIX 2

सचिवालय के विभाग और पद

विभाग-नाम

ccounts Section (P. W. D.)	लेखा अनुभाग (सार्वजनिक निर्माण विभाग)।
griculture (A) Department	कृषि (क) विभाग।
griculture (B) Department	कृषि (ख) विभाग।
griculture (C) Department	कृषि (ग) विभाग।
griculture Engineering epartment	कृषि अभियंत्रण विभाग।
nimal Husbandry (A) epartment	पशुपालन (क) विभाग।
ppointment (A) Depart-ment	नियुक्ति (क) विभाग।
ppointment (B) Depart-ment	नियुक्ति (ख) विभाग।
udget Section, Electricity	आयव्ययक अनुभाग, विद्युत्।
udget Section, Irrigation	आयव्ययक अनुभाग, सिंचाई।
onfidential Department	गोपन विभाग।
o-operative Department	सहकारिता विभाग।
conomics and Statistics epartment	अर्थ और संख्या विभाग।
ducation (A) Department	शिक्षा (क) विभाग।
ducation (B) Department	शिक्षा (ख) विभाग।
ducation (C) Department	शिक्षा (ग) विभाग।
lection Department	निर्वाचन विभाग।

Evacuee Property Department	निष्क्रांत संपत्ति विभाग।
Finance (Accounts) Department	वित्त (लेखा) विभाग।
Finance (Budget) Department	वित्त (आयव्ययक) विभाग।
Finance (Expenditure Control I) Department	वित्त (व्यय-नियंत्रण १) विभाग।
Finance (Expenditure Control II) Department	वित्त (व्यय-नियंत्रण २) विभाग।
Finance (Expenditure Control III) Department	वित्त (व्यय-नियंत्रण ३) विभाग।
Finance (General I) Department	वित्त (सामान्य १) विभाग।
Finance (General II) Department	वित्त (सामान्य २) विभाग।
Finance (Inspection, Economy and Reorganisation) Department	बित्त (निरीक्षण, अर्थ-व्यवस्था और पुनरसंगठन) विभाग।
Finance (Planning and Resources) Department	वित्त (नियोजन और संसाधन) विभाग।
Finance (Services and Sales Tax) Department	वित्त तथा विक्रय-कर) विभाग।
Fisheries Department	मत्स्य विभाग।
Food and Civil Supplies (A) Department	खाद्य और रसद (क) विभाग।
Food and Civil Supplies (B) Department	खाद्य और रसद (ख) विभाग।
Food and Civil Supplies (C) Department	खाद्य और रसद (ग) विभाग।
General Administration Department	सामान्य प्रशासन विभाग।

Government Estate Department	राज्य सम्पत्ति विभाग।
Harijan Sahayak Department	हरिजन सहायक विभाग।
Home (Criminal) Department	गृह (अपराध) विभाग।
Home (Police A) Department	गृह (पुलिस-क) विभाग।
Home (Police B) Department	गृह (पुलिस-ख) विभाग।
Home (Police C) Department	गृह (पुलिस-ग) विभाग।
Home (Jails) Department	गृह (कारागार) विभाग।
Industries (A) Department	उद्योग (क) विभाग।
Industries (B) Department	उद्योग (ख) विभाग।
Industries (C) Department	उद्योग (ग) विभाग।
Industries (Establishment) Department	उद्योग (अधिष्ठान) विभाग।
Information Department	सूचना विभाग।
Irrigation (Establishment) Department	सिंचाई (अधिष्ठान) विभाग।
Irrigation (Works) Department	सिंचाई (निर्माण) विभाग।
Judicial (A) Department	न्याय (क) विभाग।
Judicial (B) Department	न्याय (ख) विभाग।
Labour (A) Department	श्रम (क) विभाग।
Labour (B) Department	श्रम (ख) विभाग।
Legislative Department	विधान विभाग।
Local Self-Government Department	स्वायत्त शासन विभाग।
Medical (A) Department	चिकित्सा (क) विभाग।
Medical (B) Department	चिकित्सा (ख) विभाग।
Municipal (A) Department	नगरपालिका (क) विभाग।
Municipal (B) Department	नगरपालिका (ख) विभाग।
Panchayat Raj Department	पंचायत राज विभाग।

Petition Department	अभ्यर्थना विभाग ।
Planning Department	नियोजन विभाग ।
Power (A) Department	विद्युत (क) विभाग ।
Power (B) Department	विद्युत (ख) विभाग ।
Public Health Department	सार्वजनिक स्वास्थ्य विभाग ।
Public Works (A) Department	सार्वजनिक निर्माण (क) विभाग ।
Public Works (B) Department	सार्वजनिक निर्माण (ख) विभाग ।
Rationing Department	राशन विभाग ।
Relief and Rehabilitation (A) Department	सहायता तथा पुनर्वासन (क) विभाग ।
Relief and Rehabilitation (B) Department	सहायता तथा पुनर्वासन (ख) विभाग ।
Relief and Rehabilitation (C) Department	सहायता तथा पुनर्वासन (ग) विभाग ।
Relief and Rehabilitation (D) Department	सहायता तथा पुनर्वासन (घ) विभाग ।
Revenue (A) Department	माल (क) विभाग ।
Revenue (B) Department	माल (ख) विभाग ।
Revenue (C) Department	माल (ग) विभाग ।
Revenue (D) Department	माल (घ) विभाग ।
Revenue (Forest) Department	माल (वन) विभाग ।
Secretariat Administration (Establishment) Department	सचिवालय प्रशासन (अधिष्ठान) विभाग ।
Secretariat Administration (Accounts) Department	सचिवालय प्रशासन (लेखा) विभाग ।
Social Welfare Department	समाज कल्याण विभाग ।
Translation Department	अनुवाद विभाग ।
Transport Department	परिवहन विभाग।

पदनाम

Advocate General	प्रधान अधिवक्ता ।
Cane Commissioner	गन्ना आयुक्त ।
Chief Conservator of Forests	मुख्य अरण्यपाल ।
Chief Engineer, Electricity Branch	मुख्य अभियन्ता, विद्युत् शाखा ।
Chief Engineer, Irrigation Branch	मुख्य अभियन्ता, सिंचाई शाखा ।
Chief Engineer, Local Self-Government	मुख्य अभियन्ता, स्वायत्त शासन शाखा ।
Chief Engineer, Public Works Department (Buildings and Roads)	मुख्य अभियन्ता, सार्वजनिक निर्माण विभाग (भवन और रथ्या) ।
Commissioner of Excise	आबकारी आयुक्त ।
Commissioner Sales Tax	विक्रय-कर आयुक्त ।
Conservator of Forests	अरण्यपाल ।
Custodian of Evacuee Property	निष्क्रान्त सम्पत्ति संरक्षक ।
Development Commissioner	विकास आयुक्त ।
Director of Agriculture	कृषि संचालक ।
Director of Animal Husbandry	पशुपालन संचालक ।
Director of Colonisation	उपनिवेशन संचालक ।
Director of Education	शिक्षा संचालक ।
Director of Harijan Welfare	हरिजन कल्याण संचालक ।
Director of Industries	उद्योग संचालक ।
Director of Information	सूचना संचालक ।
Director of Land Records	भूमि अभिलेख संचालक ।
Director of Medical and Health Services	स्वास्थ्य सेवा संचालक ।

District Judge	जिला न्यायाधीश, जिला जज।
District Officer	जिलाधीश।
Electrical Inspector	विद्युत् निरीक्षक।
Entertainment and Betting Tax Commissioner	मनोरंजन कर आयुक्त।
Inspector General of Police	प्रधान पुलिस निरीक्षक।
Inspector General of Prisons	प्रधान कारागार निरीक्षक।
Inspector General of Registration	प्रधान निबन्धन निरीक्षक।
Labour Commissioner	श्रम आयुक्त।
Land Reforms Commissioner	भूमि-व्यवस्था आयुक्त।
Registrar Co-operative Societies	निबन्धक, सहकारिता विभाग।
Registrar, High Court	निबन्धक, उच्च न्यायालय।
Secretary, Board of Revenue	सचिव, राजस्व परिषद्।
Secretary, Legislative	विधान सचिव।
Secretary, Public Service Commission	सचिव, लोकसेवा आयोग।
Superintendent, Printing and Stationery	मुद्रण अधीक्षक।
Transport Commissioner	परिवहन आयुक्त।